创新中心城市建设的理论与战略：
基于广州的实证研究

王洋　叶玉瑶　吴康敏　编著

吉林大学出版社

长春

图书在版编目（CIP）数据

创新中心城市建设的理论与战略：基于广州的实证研究 / 王洋，叶玉瑶，吴康敏编著 . —长春：吉林大学出版社，2020.3
ISBN 978-7-5692-6226-1

Ⅰ．①创… Ⅱ．①王… ②叶… ③吴… Ⅲ．①城市建设—研究—广州 Ⅳ．① F299.276.51

中国版本图书馆 CIP 数据核字（2020）第 044421 号

书　　名	创新中心城市建设的理论与战略：基于广州的实证研究 CHUANGXIN ZHONGXIN CHENGSHI JIANSHE DE LILUN YU ZHANLÜE：JIYU GUANGZHOU DE SHIZHENG YANJIU
作　　者：	王　洋　叶玉瑶　吴康敏　编著
策划编辑：	卢　婵
责任编辑：	卢　婵
责任校对：	陶　冉
装帧设计：	汤　丽
出版发行：	吉林大学出版社
社　　址：	长春市人民大街 4059 号
邮政编码：	130021
发行电话：	0431-89580028/29/21
网　　址：	http：//www.jlup.com.cn
电子邮箱：	jdcbs@jlu.edu.cn
印　　刷：	北京虎彩文化传播有限公司
开　　本：	787mm×1092mm　　1/16
印　　张：	10
字　　数：	150 千字
版　　次：	2020 年 3 月　第 1 版
印　　次：	2020 年 3 月　第 1 次
书　　号：	ISBN 978-7-5692-6226-1
定　　价：	68.00 元

版权所有　翻印必究

前　言

在全球化和知识经济时代，创新能力已成为城市或区域间竞争的核心战略资源。在全球经济增长乏力和中国经济"新常态"的背景下，创新驱动已成为我国城市经济社会可持续发展的核心动力。当前的科技创新活动已从"园区时代"走向"城市时代"。在这样的背景下，知识经济和创新能力对城市发展的推动作用将愈加显著。企业竞争力、城市竞争力、区域竞争力和国家竞争力在很大程度上都依赖于创新能力。可以说，未来全球城市间的竞争，是创新能力的竞争。因此，如何提高城市创新能力，进而建设创新中心城市是城市发展战略研究中的重要议题。

建设创新中心城市，需要分别从理论和战略层面予以研究和明确。创新的理论问题和战略问题同等重要、相互支撑。理论问题具有普适性，战略问题具有针对性。因此，本书梳理了创新研究的主要理论流派，总结了创新中心城市建设的研究进展、发展规律、基本特征、发展模式、构成要素、动力机制、发展趋势和成功经验等基本理论问题。在此基础上，以广州建设"国际科技创新枢纽"和"国家创新中心城市"的战略路径为实证案例，分析了广州建设创新中心城市的基础条件、优劣势、发展定位、建设目标、发展原则、总体战略、实施路径、建设模式、政策领域和保障措施。本书的前三章是基本理论问题的研究，后三章是具体战略问题的分析，以期通过广州建设创新中心城市的案例来映射城市创新发展战略中的一般问题，

创新中心城市建设的理论与战略：基于广州的实证研究

为该领域的研究提供理论借鉴和案例参考。

本书的研究内容或主要观点如下。

一、理论流派与研究进展。从创新环境理论、创新系统理论、创新生态系统理论以及创新研究的网络化转向与演化转向四个方面总结了创新研究的主要理论流派。从创新城市的构成要素、发展阶段与发展规律、评价体系与建设目标的量化研究、创新城市体系格局与网络研究、案例剖析研究以及建设路径与政策研究六个方面梳理了当前学术界对国内外创新城市的相关研究进展。

二、发展规律与基本特征。创新中心城市主要经历"资源型城市→资本型城市→创新型城市→智慧型城市"的发展历程，主导发展动力随历程变化而变化。国际创新中心城市在城市区位、经济实力、人口规模、对外经济联系、全球市场、创新人才、研发机构、科技服务能力、创新平台和创新文化氛围等方面具有普遍的优势特征。

三、基本模式与构成要素。国际创新中心城市建设的主要模式包括科技创新驱动模式、工业创新驱动模式、服务创新驱动模式、市场创新驱动模式、政府创新驱动模式和文化创新驱动模式。国际创新中心城市的主要构成要素可归纳为创新机构、创新平台、创新环境、创新服务、创新空间和创新网络六个方面。

四、动力机制与发展趋势。科技创新、产业创新、管理创新和文化创新是国际创新中心城市发展的主要外部条件和内在动力因素，科技、产业、管理和文化等方面的创新综合作用，构成国际创新中心城市发展的基本驱动力。全球化和知识经济背景下国际创新中心城市发展可能出现的趋势包括全球化趋势、产业创新趋势、全球创新网络演化趋势和知识经济引领趋势。

五、经验借鉴与启示。分析了纽约、波士顿、旧金山-圣何塞、伦敦、慕尼黑、东京、新加坡、大田等八个代表性国际创新中心城市的案例和美国硅谷、中国中关村、中国台湾新竹、日本筑波、瑞典希斯塔、芬兰奥卢、法国索菲亚和安地比斯八个国际著名科技园区的案例，并总结其发展经验。

六、基础条件与优劣势。以广州为案例的研究表明，近年来广州具备一定的创新基础支撑条件、创新资源支撑条件、创新平台支撑条件和创新服务保障条件。其优势和机遇分别体现在地缘优势、基础优势、外部环境机遇、政策发展机遇和产业环境机遇。但在资源、环境、土地和人力成本等方面存在不足和瓶颈约束，并受到发达国家的技术垄断挑战和国内同类城市的竞争性挑战。

七、发展定位与建设目标。以广州为案例，其建设创新中心城市的总体定位与建设目标确定为全球产业创新策源地、全球技术创新引擎、全球创新服务枢纽和全球科技合作交流中心。分项建设目标是创新平台支撑能力显著提升，创新投入强度进一步增大，创新环境质量明显改善，创新服务能力持续增强，创新产业竞争力快速提升，创新人才高度集聚。在创新平台、创新投入、创新环境、创新服务、创新产业和创新人才六个方面的四十项指标上分别提出广州在2025年（近中期）和2030年（远期）的各项建设目标。

八、建设原则与发展战略。以广州为案例，其建设创新中心城市应遵循的四个基本原则是坚持自主创新和价值创造、坚持全球视野和开放合作、坚持基础培育和环境建设以及坚持重点突破和循序渐进。四大发展战略为知识创新与应用技术创新体系完善战略、高技术产业化与创新企业孵化和加速提升战略、科技创新基础支撑体系与环境打造战略以及科技创新交易与服务平台建设战略。

九、实现路径与驱动模式。以广州为案例，其建设创新中心城市的实现路径包括搭建创新平台、支持创新机构、集聚创新资源、完善创新机制、优化创新环境、强化创新服务和嵌入创新网络。在驱动模式方面，建议采用"科技创新驱动＋工业创新驱动＋管理创新驱动＋服务创新驱动"的"四轮驱动"模式推动广州建设创新中心城市。

十、政策与保障措施。以广州为案例，从创新人才、创新企业、科研机构、高等院校、金融机构、中介机构和政府机构七个方面提出广州建设创新中心城市的政策。进而从组织保障、政策保障、平台保障、空间保障、资金保障和人才保障六大方面提出广州建设创新中心城市的保障措施。

创新中心城市建设的理论与战略：基于广州的实证研究

本书得到了国家自然科学基金项目（41871150、41671130）、广州市科技计划项目（201806030003、201709020007、201609020002、201707010427）、广东省科学院实施创新驱动发展能力建设专项（2016GDASRC-0101、2017GDASCX-0101、2018GDASCX-0101、2019GDASYL-0302001、2020GDASYL-20200104001）的资助或支持，在此表示由衷感谢。

该学术专著的作者王洋、叶玉瑶、吴康敏都是本书的主编。在本成果的研究过程中，广州地理研究所、广东省遥感与地理信息系统应用重点实验室、广东省地理空间信息技术与应用公共实验室和广东省创新发展研究院为本研究提供了平台保障；广州地理研究所张虹鸥研究员及研究团队的同事们也对本书相关成果的研究给予了无私支持和宝贵建议。本书的顺利完成离不开他们的帮助，在此表达诚挚的谢意！

城市创新发展领域涉及的内容广泛而复杂，研究视角和理论流派多样，加之作者能力有限、时间仓促，书中难免有不足之处，恳请各位读者批评指正。本书的撰写过程中参考了很多专家学者的科研成果，并在书中注明，但仍恐有漏注之处，还请多包涵。渴望同仁们提出宝贵意见！

王洋　叶玉瑶　吴康敏
2019 年秋于广州

目　录

第一章　创新研究的理论流派与进展 ……………………… 1

第一节　创新研究的主要理论流派 ……………………… 1
一、创新与创新中心城市的概念 ……………………… 1
二、创新环境理论 ……………………………………… 3
三、创新系统理论 ……………………………………… 4
四、创新生态系统理论 ………………………………… 5
五、创新研究的网络化转向与演化转向 ……………… 6

第二节　国内外创新城市建设的研究进展 ……………… 8
一、创新城市构成要素的研究进展 …………………… 8
二、创新城市发展阶段与发展规律的研究进展 ……… 9
三、创新城市评价体系研究进展 ……………………… 9
四、创新城市体系与区域创新网络研究进展 ………… 11
五、典型创新中心城市建设的经验与模式研究进展 ……… 12
六、中国创新中心城市的建设路径与实施政策研究进展 … 14

第二章　创新中心城市建设的基本理论问题 ………………… 16

第一节　创新中心城市的发展历程与基本特点 ………… 17
一、创新中心城市发展的一般历程及其主要特征 ……… 17

　　二、创新中心城市建设的基本特点 …………………………18

　第二节　创新中心城市的构成要素与动力机制 …………………21

　　一、创新中心城市所具备的构成要素 ……………………………21

　　二、国际创新中心城市建设的动力机制 …………………………23

　第三节　创新中心城市建设的主要模式与最新趋势 ……………24

　　一、创新中心城市建设的主要模式 ………………………………24

　　二、全球化和知识经济背景下国际创新中心城市发展的

　　　　最新趋势 …………………………………………………………26

第三章　国际著名创新中心城市与科技园区建设的经验借鉴 … 28

　第一节　国际创新中心城市建设的经验借鉴 ……………………28

　　一、美国纽约 ………………………………………………………29

　　二、美国波士顿 ……………………………………………………30

　　三、美国旧金山 – 圣何塞 …………………………………………31

　　四、英国伦敦 ………………………………………………………32

　　五、德国慕尼黑 ……………………………………………………33

　　六、日本东京 ………………………………………………………35

　　七、新加坡 …………………………………………………………37

　　八、韩国大田 ………………………………………………………38

　第二节　国际科技创新园区建设的经验借鉴 ……………………39

　　一、美国硅谷 ………………………………………………………41

　　二、中国北京中关村 ………………………………………………41

　　三、中国台湾新竹 …………………………………………………42

　　四、日本筑波 ………………………………………………………42

　　五、瑞典希斯塔 ……………………………………………………42

　　六、芬兰奥卢 ………………………………………………………43

　　七、法国索菲亚和安地比斯 ………………………………………43

第四章　广州建设创新中心城市的背景与基础条件……44

第一节　广州建设创新中心城市的背景与意义……45
一、广州创新中心城市发展战略……45
二、广州创新中心城市发展战略的背景……45
三、广州建设创新中心城市的意义与必要性……48

第二节　广州在国际国内创新中心城市中的地位……51
一、广州在全球创新城市的排名地位……51
二、广州在中国创新城市建设中的地位……54
三、广州与国内著名创新城市的对标研究……57

第三节　广州建设创新中心城市的基础条件与优劣势……65
一、广州建设创新中心城市的基础条件……65
二、广州建设创新中心城市的优势与机遇……67
三、广州建设创新中心城市存在的不足与挑战……70

第四节　广州创新载体集聚区的空间识别与空间特征……72
一、广州市创新空间的构成要素与集聚程度判断……72
二、广州市创新集聚区的空间识别与空间格局……74

第五章　广州建设创新中心城市的总体目标与发展战略……76

第一节　广州建设创新中心城市的总体定位与目标……76
一、广州建设创新中心城市的总体定位与总体目标……76
二、广州建设创新中心城市的分项目标和分期目标……79

第二节　广州建设创新中心城市的基本原则与发展战略……83
一、广州建设创新中心城市的基本原则……83
二、广州建设创新中心城市战略的相关研究进展……85
三、广州建设创新中心城市的发展战略……86

第六章　广州建设创新中心城市的实现路径与驱动模式……92

第一节　广州建设创新中心城市的实现路径……93

　　一、搭建创新平台 …………………………………… 94
　　二、支持创新机构 ………………………………… 100
　　三、集聚创新资源 ………………………………… 103
　　四、完善创新机制 ………………………………… 106
　　五、优化创新环境 ………………………………… 108
　　六、强化创新服务 ………………………………… 111
　　七、嵌入创新网络 ………………………………… 115
　第二节　广州建设创新中心城市的驱动模式 ………… 116
　　一、科技创新驱动 ………………………………… 117
　　二、工业创新驱动 ………………………………… 119
　　三、管理创新驱动 ………………………………… 121
　　四、服务创新驱动 ………………………………… 122
　第三节　广州建设创新中心城市的政策与保障措施 … 124
　　一、广州建设创新中心城市的政策 ……………… 124
　　二、广州建设创新中心城市的保障措施 ………… 126

参考文献 ………………………………………………… 131

第一章　创新研究的理论流派与进展

本章首先介绍了创新与创新中心城市的概念，然后从创新环境理论、创新系统理论、创新生态系统理论以及创新研究的网络化转向与演化转向四个方面总结了创新研究的主要理论流派及其最新研究进展。在此基础上，从创新城市的构成要素、发展阶段与发展规律、评价体系与建设目标的量化研究、创新城市体系的格局与网络研究、案例剖析研究（国内外典型创新中心城市的经验借鉴与模式解读）以及建设路径与政策研究（某城市如何建设创新中心城市）六个方面梳理了当前学术界对国内外创新城市的相关研究进展。

第一节　创新研究的主要理论流派

一、创新与创新中心城市的概念

（一）创新的概念

Schumpeter（1934）最早在《经济发展理论》中将"创新"定义为一种"创造性破坏（Creative destruction）"，这个概念描述后来被创新领域

的学者大量引用。从定义上讲,"创新"将产生一种新的以往未存在的对象或方法。概念上,它包含了产品创新、政策创新、经济创新和社会创新等类型。现有的创新研究文献,尤其是处于西方经济地理学界主要话语体系下的"区域创新系统(regional innovation system)"(Cooke et al., 1997)、"本地联结与全球通道(local buzz and global pipeline)"(Bathelt et al., 2004)、"全球生产网络(global production network)"(Coe et al., 2008)等范式,都更多地将精力放在了"产品创新"这个概念上,以企业为具体创新主体研究创新的产生。然而值得注意的是,"创新"的概念含义远远超出了企业产品创新本身。

熊彼特(Schumpeter)的"创新"概念常被用于理解企业级的创新及其如何融入更宏观的经济环境。熊彼特认为,与"发明"不同,"创新"是经济活动的核心,创新不仅是一家企业的发明、应用与商业营销,它更是一种新的产品、新工艺、新市场、新供应源与新的商业组织。企业作为主体,随着其产品或工艺的创新或者落后,宏观经济会经历一个"创造性的破坏",创新者凭借更好的产品与工艺适应经济环境,非创新者被取代。因而,熊皮特所描述的"创新"是一个演化(evolution)的过程,这个过程里包含了区域尺度的产业形态更替。这种将"企业"置于演化中心的位置的观点,也是当前"演化经济地理"的理论着眼点。结合"路径依赖"的概念,"创新"依托于区域原有的产业结构,而"创新"能在很大程度上打破原有的发展路径依赖,这些理论框架都着重强调了"创新"在区域演化路径中的重要性(Zhu et al., 2019)。

(二)创新中心城市的概念

Charles(2000)的《创新型城市》是较早地系统地研究创新型城市(也可简称创新城市)的专著,书中提出了创新城市的概念并探讨了创新城市的战略框架(陈媞,2012)。创新城市的内涵是其概念研究的重要组成部分。不同学者对创新城市的内涵有着各自的理解,西方代表性的观点有如下几个。Peter(1999)认为,创新城市必须有大量新事物不断出现和集聚,融合形成一种新的社会；Hospers（2003）认为创新城市是孕育知识经济的城市，必然是具有集聚性、多样性、不稳定性和良好声望的有机体（陈媞，2012）。国内方面，杨冬梅等（2006）认为创新城市必须具备城市创新系统，要能够聚集和配置各类创新资源，形成创新驱动式的经济增长；胡树华和牟仁艳（2006）认为，创新城市是把"创新"作为一种科学思想方法论和社会实践方法论，运用到城市整体建设中，将创新发展战略提升到城市主导发展战略的高度，能有效整合城市产业创新、管理创新、科技创新和服务创新能力等创新要素，与周边地区和城市协调发展，从而形成的具有极强创新能力和综合竞争力的城市；韩瑾（2007）认为创新城市应该是自主创新能力强，尤其科技创新能力较为突出。总体上，对创新城市的概念内涵都具有综合化和多元化的理解。

本书认为，创新中心城市是创新型城市概念范畴的一种，是全球、国家或区域内发挥创新中心作用和核心影响的创新型城市。例如，全球创新中心城市、国家创新中心城市和区域创新中心城市等概念，都属于创新中心城市的范畴。

二、创新环境理论

创新环境（innovative milieu）是欧洲创新研究小组（GREMI）在20世纪80年代提出的概念。"创新环境"将区域的发展理解为区域内创新活动与创新环境协同的结果（吕拉昌等，2017）。在对该概念的认识上，该理论学派也存在着一定的分歧。部分学者认为，创新环境是区域制度、规则和实践系统的集合，这个集合最终导致了创新的产生，在这一定义下，创新网络与创新的产生嵌入在特定的区域创新环境中（Aydalot et al., 1988）。另一部分学者则认为，创新环境就是区域的创新网络关系。区域生产系统、参与者和地方制度等通过各种形式连接形成了复杂的网络关系，通过这组关系空间而形成了地方化的学习过程，最终导致了创新的产生（Camagnir, 1991）。国内学者也在较早时候就对创新环境的概念加以关注，提出创新环境是区域内行为主体在正式与非正式合作基础上形成的稳定系统，它包括了地方制度、法规、行政体制特点与各类非主体要素（王缉慈，2001）。这些概念都强调了创新环境的动态性，它并非区域内各类主体与区域环境的静态网络连接，更侧重强调这些要素在耦合过程中创新的动态过程。

创新环境的构成要素大体上包括了区域内的创新主体、整体文化与制度环境以及产业环境与基础设施条件等。学者普遍认为创新环境的构成大体上可以划分为创新软环境与硬环境。软环境通常包括区域制度环境、政策法规、金融环境、学习与知识传播的氛围以及文化环境等；而硬环境通常包括交通基础设施、通讯基础设施以及产业环境等（向清华等，2010）。也有学者将创新环境的构成要素按照属性分为了物质属性、空间属性与系统属性三类，这种分类方式是将创新环境的概念与创新系统概念相结合后提出的，认为创新环境嵌入在创新系统的概念中，是创新系统的一部分，与创新系统内的其他主体形成联系（赵彦飞等，2019）。

三、创新系统理论

作为当前西方经济地理领域最强的话语之一，创新系统（innovation system）的研究涵盖了国家创新系统（NIS）、区域创新系统（RIS）、技术创新系统（TIS）和部门创新系统（SIS）等多种不同尺度的概念（Kashani et al.，2019）。创新系统概念的提出让学界开始更系统地理解到创新与知识的产生过程，这个概念超越了以往单一的、同质性的、孤立于区域的内涵。从一个多行为主体、行动者网络的角度来考察知识的链接，并且该理论框架考虑到了区域制度、区域本地知识的重要性。

国家创新系统（NIS）被定义为一个国家创新体系，该系统决定了知识的生产在政府与私营部门间的分配，创新来源于各种互动的过程，各类国家要素在这种互动过程中扮演了重要的角色（Kashani et al.，2019）。由于国家创新系统的概念根植于特定国家发展背景，因而，该概念尚且没有一个完全定论的定义，从狭义层面讲，国家创新系统包括了参与知识探索的组织与机构（即各类高校、科研院所等）、政府机构、企业与商业组织等；从广义上讲过，国家创新系统包含了更宏观的经济结构、国家的市场结构、生产系统和财税体系等，这些各类系统的互动与耦合共同影响了知识与创新的产生（吕拉昌等，2017）。

源于对创新与知识产生的地理视角下的剖析，区域创新系统（RIS）被定义为通过以地方嵌入为特征的制度环境，区域中的企业与其他组织系统化地参与互动学习。从区域创新系统角度看，创新是区域层面公共和私人主体（如企业、大学、研究机构、政府、供应商和消费者）之间的复杂互动。在过去创新地理的研究中，区域创新系统方法已经发展成为一个被广泛采用的分析框架，为创新政策的制定提供了经验分析基础（Uyarra et al., 2010; Lee et al., 2001）。政策制定者采用区域创新系统的研究方法来理解如何结合特定区域的制度特征、行动者特征与知识背景来推广创新，创造更有利于新知识产生的环境。

基于技术变革的系统性观点产生了技术创新系统（TIS）的概念，技术创新系统被定义为开发特定技术的参与者、网络、机构和技术系统间的互动（Bergek et al., 2015）。而对于不同部门创新绩效差异的关注则产生了部门创新系统（SIS）概念，部门创新系统关注"行为主体""机构""制度"三者的互动（Franco, 2004），部门创新系统的另一个理论版本是三螺旋模型（Triple Helix）（Etzkowitz et al., 2000），这个框架勾画了政府、行业和大学之间的互动。

四、创新生态系统理论

创新生态系统（innovation ecosystem）的概念借鉴了生态学的概念，强调了区域创新的系统性与演化特性。2004年，美国竞争力委员会在一份政府报告《创新美国：在挑战和变革的世界中实现繁荣》中提到，创新并非一个机械的、线性的过程，创新更像是一个生态系统，在这个系统中，经济、社会的方方面面存在动态的相互作用（李其玮等，2016）。Lansiti（2004）借鉴生态位理念，提出了创新生态系统是由占据不同生态位的、彼此相关的企业所组成的。建立在生态学的概念上，学者们将创新系统视为一个松散而互联的开放式的、网络化的生态系统，认为它是一个创新群落与创新环境之间相互作用、相互影响的有机整体，并总结出了该系统的四种生态学演化机制，即：遗传、变异、衍生与选择（梅亮等，2014）。

与创新系统的概念不同，创新生态系统的一个核心特征便是强调系统的共生性与演化性（李其玮等，2016）。基于与自然生态系统的类比，Moore（1996）认为，企业作为创新群落的一部分，与其所在的创新生态体系是共生的且一并演化的，这种概念定义超越了以往的竞争与合作的定义，将企业创新行为与知识的产生跟更广泛的区域演化过程联系起来，因而，创新生态系统的理论基础与演化经济学、创新系统、战略管理理论紧密联系在一起。

当前，创新生态系统的研究焦点主要集中在产业与企业两个层面。基于科技型企业的分析，学者们探讨了创新的路径依赖的遗传与变异特征、企业技术创新生态系统的转型与退出风险、创新生态系统的演进驱动因素、运行机制和技术扩散机制等（Adner et al.，2015；郭立新等，2010）。基于对产业创新生态系统的分析，学者们探讨了产业创新系统的稳定性、开放性与耗散结构特征，产业集群的知识传导特点与机制，产业创新生态系统的健康性评价，等等（陈衍泰等，2015）。从研究趋势上看，创新生态系统仍然是当前较有生命力的理论框架之一，在当前创新驱动发展的话语下，企业乃至整个中国，都在面临着经济与制度转向下如何实现自主创新的问题，如何基于"消化吸收与再创新"来完成自主创新的突破，如何通过构建更好的创新生态与多主体协同来营造更好的创新环境。基于互利共生与演进范式的创新生态系统理论框架对这一命题将极具指导意义。

五、创新研究的网络化转向与演化转向

随着"创新"研究超越了集群与区域，集群之外的更广泛的环境属性

开始受到关注，随着创新的地域观转向关系观，网络化转型受到了越来越多的关注（司月芳等，2016）。Bathelt 等（2004）提出了"本地联结和全球通道（local buzz and global pipelines）"概念框架。"本地联结"指地方（local）"复杂的多层信息和通信生态"，强调地方集群本身与集群间的联系，这些局部集群通过各类通道（pipelines）与全球层面的其他地方集群相连，由此产生新的知识与创新。这个概念框架超越了地方集群与区域的概念，既强调了局部集群的交互，也强调了全球知识对于创新集群的重要意义，是"创新"研究在范式上的一大推进。

与强调全球知识链接类似，全球生产网络（GPN）侧重于强调全球生产链接，该理论框架认为，全球经济地理的重塑是由全球生产网络的出现推动的，全球生产网络是跨越空间的生产、分配和消费的组织和地理网络的复杂交织，旨在创造、增强、捕获或有时摧毁相关行为者的物质价值。全球生产网络方法将跨国公司的作用和影响置于领土（territories）之上，作为更广泛的"全球组织的互联功能和运营关系的一部分，通过企业和非企业机构生产和分配商品与服务"（Coe et al.，2004）。与20世纪90年代占据主流话语体系的"新区域主义（new regionalism）"方法不同，GPN方法除了对区域内的社会和制度条件的关注外，也关注到区域外联系。因此，GPN研究倾向于以"全球化"视角来看待区域发展，将"区域"视为"一系列网络连接的集合"，认为区域发展是GPN与区域资产之间"战略耦合"的结果。区域资产为区域发展提供了重要资源，但必须由区域机构利用，以"补充位于全球生产网络内的跨地方行动者的战略需求"（Coe et al.，2004）。全球生产网络的视角解释了全球化与区域变化之间的关系。

随着经济地理学的演化转向，最近的一些研究试图通过演化经济地理学（EEG）的观点来了解区域的兴衰与发展（Coe，2010）。演化经济地理学框架强调了区域经济景观继承了其过去的经济和工业发展的遗产，其历史影响了其未来的发展（Martin et al.，2006），因而，区域的发展存在着路径依赖。Martin 等（2006）总结了五种可能的破除路径依赖的策略，这其中包括了新技术的开发、创新与产业升级。从这个意义上说，演化经济地理框架在构想产业集群和区域经济空间演变的方式上是对基于集群、全球价值链和全球生产网络等现有分析框架的补充。"路径依赖"与"创新"被视为是区域演化的核心概念之一，渐进式创新与激进式创新被认为是区域演化与摆脱负向锁定的核心概念。演化经济地理学将创新视为一个动态化的区域发展要素纳入分析框架，强调创新的动态性与演化意义及其对区域发展的重要作用，这一框架也为如何更全面地理解区域的不平衡发展提供了新的探索方向。

第二节 国内外创新城市建设的研究进展

纵观当前学术界对国内外创新城市的相关研究成果，可以发现其研究领域主要聚焦在创新城市的构成要素、发展阶段与发展规律、评价体系与建设目标的量化研究、创新城市体系的格局与网络研究、案例剖析研究（国内外典型创新中心城市的经验借鉴与模式解读）以及建设路径与政策研究（对某城市提出如何建设创新中心城市）六个方面。

一、创新城市构成要素的研究进展

创新城市的构成要素复杂多样。例如，Charles（2000）认为创新城市具有以下七个方面的要素，即富有创意的人、意志和领导力、人的多样性与智慧获取能力、开放的组织文化、对本地身份的强烈正面认同感、城市空间与设施以及上网机会（李祖辉，2009；陈媞，2012）；胡树华和牟仁艳（2006）提出创新城市包括产业创新、科技创新、管理创新和服务创新四个方面的要素；何颖（2007）认为创新城市包括创新主体、创新资源、创新制度和创新文化四个要素；方创琳等（2013）认为创新资源、创新载体、创新平台、创新服务、创新环境和创新通道是创新型城市的六大要素。由此可见创新城市的要素都可归纳为创造能力要素、资源保障要素和服务能力要素。

二、创新城市发展阶段与发展规律的研究进展

创新城市具有发展阶段的规律性和阶段性指标特征。学术界普遍认为，进入创新驱动发展阶段的城市才可称之为创新型城市。有研究整合了美国、日本、芬兰和韩国等地发展历程，认为进入创新驱动的条件一般包括以下几点。创新综合指数明显高于其他地区，科技进步贡献率在70%以上；从创新投入来看，研发投入占GDP的比例一般在2%以上，研发投资的较大部分投向产业领域；从创新过程来看，大量创新活动是原始创新，对外技术依存度指标一般在30%以下；从创新产出来看，创新产出高，发明专利多；从产业发展来看，创新不仅仅体现在科技优势上，而且体现在产品或服务的国际竞争优势上，这个阶段会形成较为完善的产业集群，对经济的变动和外部事件影响的免疫力很强；从社会发展来看，创新驱动不仅体现在经济增长上，而且扩散到社会发展、环境改善和体制优化等多个领域。只有达到上述所有条件，才算进入创新驱动阶段（夏天，2010）。方创琳等（2013）认为城市发展阶段是由资源型城市→资本型城市→创新型城市→智慧型城市的由低级到高级的演化过程，创新型城市属于城市发展的第三阶段。

三、创新城市评价体系研究进展

创新城市的评价体系（或建设目标指标体系）具有综合化和多样化特点。其评价体系既有学术界提出的，也有政府部门倡导的。学术界提出的体系可归纳为三个出发点：创新过程视角、创新内容视角和创新要素视角。

其中，创新过程视角主要从创新主体、创新投入、创新资源、成果转化和创新产出等领域提出。例如，王仁祥和邓平（2008）基于创新投入、创新过程、创新环境和创新产出四个方面评价创新型城市；薛合庸等（2012）从创新投入、企业创新、成果转化和高新产业评价创新型城市；薛艳（2014）从创新投入、企业创新、成果转化、高新产业、科技惠民和创新环境六个方面构建评价体系。创新内容视角的评价指标体系主要包括知识创新、技

术创新、产业创新、服务创新、制度创新和文化创新等方面的内容，这些和创新城市的内涵基本吻合。典型的研究成果有，杨华峰等（2007）认为创新城市评价体系应该由知识创新能力、技术创新能力、管理与制度创新能力、服务创新能力、文化创新能力和创新综合绩效等方面构成；雷振丹和李万明（2012）从知识创新能力、技术创新能力、产业创新能力、制度创新能力、服务创新能力和创新环境构建创新城市的综合评价体系。在创新要素视角方面，由于学术界对其争论较多，导致评价指标体系差异较大。例如，谢攀（2008）认为创新要素包括创新资源、创新载体、创新环境、核心能力和优势品牌五个方面，并基于此构建综合评价体系；李琳等（2011）从创新资源整合力、创新网络运行力、创新环境支撑力和创新绩效表现力构建创新型城市竞争力综合指数；魏亚平和贾志慧（2014）从创新驱动主体要素、创新驱动资源要素、创新驱动效应和创新驱动环境要素四个方面评价创新型城市。

政府部门倡导的指标体系主要分为国家部委（科技部）提出的全国创新型城市评价指标体系和地方政府提出的当地创新城市建设目标的指标体系两类。科技部在2010年发布的《关于进一步推进创新型城市试点工作的指导意见》中提出了一套创新型城市建设监测评价指标体系。该一级指标包括创新投入、企业创新、成果转化、高新产业、科技惠民和创新环境共六类。该指标体系侧重从创新投入、企业创新、成果转化和高新产业等方面综合测评城市创新能力。该指标体系以定量指标为主，定性指标集中在"科技惠民"和"创新环境"两方面（吴传清和龚晨，2016）。

地方政府倡导的创新型城市建设绩效考评指标体系比较重视对城市创新环境和创新绩效的考评。在创新绩效评价方面，因各自地方特色和发展基础不一，因而评价内容也相异。例如，济南市强调创新产出、结构优化方面；江苏省则注重高新技术产出的质量考评，重视空气质量、城市污水处理率等生态指标。在创新环境评价方面，各地评价指标体系或简或繁，济南市从人才资源、创新投入和环境改善等方面设计考评指标，而江苏省则仅设置每万人口中研发人员数量、省级以上科技平台数等考评指标。从指标设置和数据可得性方面而言，地方政府倡导的创新型城市建设绩效评价指标基本为定量指标，定性指标极少（吴传清和龚晨，2016）。另外，研究部门还树立了几个典型的创新指数，如中关村创新指数（国家创新体系建设战略研究组，2008）、深圳创新指数（周元，2007）和张江创新指数（陈勇鸣，2007）等。总体上，评价指标体系的千差万别实际上是对创新城市基础理论选择与理解的差异，因此，未来应更加注重基础理论研究，并将基础理论与城市创新指标体系紧密结合，形成"理论—实践—理论"的评价框架。未来应进一步提高评价指标的广度和密度。未来借鉴创新城市理论研究成果以及创新型城市建设实践的成功经验，按照目标层、准则层和指标层等层级丰富评价指标的数量，增强评价指标的逻辑严密性，构建理论上科学、实践上可操作的创新型城市评价指标体系。加强对定性评价指标的设计研究，特别是在创新政策环境、创新文化氛围等不易于量化评价的领域形成具有广泛认可度的定性评价指标体系。要进一步加强数据资源的公开和挖掘。一方面，政府部门应通过"政府云"，加大信息公开服务力度，及时、合法地公开相关数据资料；另一方面，应运用大数据、云计算等新一代信息技术，加强对相关数据资源的深度挖掘开发（吴传清和龚晨，2016）。

四、创新城市体系与区域创新网络研究进展

创新城市体系的格局与区域创新网络研究方面，西方主要关注创新空间扩散、创新能力的城市体系和全球城市创新网络等领域。例如，Hagerstrand（1953）提出三阶段空间扩散观点，第一阶段是创新在一些主要中心城市采用，第二阶段是创新传播到第一批主要中心城市的四周和次要的中心城市，第三阶段是创新传播到次要中心城市的周围，扩散过程结束（韩丽等，2010）。对全球城市创新能力体系的研究以 2thinknow[①] 做出

[①] 2thinknow 指数是澳大利亚创新研究机构"2thinknow"构建的融文化、市场、智资、专利等指标与一体的全球创新型城市评价指标体系。其连续发布的全球创新城市指数年度报告在全球赢得了良好声誉，是当前创新领域较权威的指数之一。

的全球创新城市竞争力排名成果最具代表性；Wichmann 等（2002）通过从 40 多个城市 SCI 研究论文出发的视角得出世界的研究中心、网络及节点，初步分析了全球城市创新研究的网络体系。

国内对该议题的起步较晚，主要集中在创新城市空间格局、城市间创新能力差异和中国城市创新网络等领域。典型研究包括：吕拉昌和李勇（2010）基于城市创新职能研究我国创新城市空间体系，认为我国创新城市体系空间格局形成了以上海、北京为顶级城市的五级塔形城市体系结构，东部沿海城市在中国创新城市中具有重要地位，省会城市及经济强劲的城市一般成为区域性的创新中心；代明和张晓鹏（2011）运用 DEA 法的 CCR 模型对中国 17 个创新型城市创新绩效进行评估；吴素春基于我国与国际友好城市的数据分析中国创新型城市国际合作网络格局；许治和邓芹凌（2013）基于技术成就指数视角对我国 21 个主要城市的创新能力体系进行分析；马海涛等（2013）分析了全球前 100 名创新城市的空间特征和城市发展特点；方创琳等（2014）从自主创新、产业创新、人居环境创新和体制机制创新四大方面对中国创新型城市的建设现状做了综合评估，分析其空间分异格局；陈昭等（2017）依据 2thinknow 对 2015 年全球 442 个城市创新指数进行分析，绘制全球城市创新指数空间分布图，认为创新城市具有地理分布的非均衡性特征和城市等级的显著偏向性特征。

五、典型创新中心城市建设的经验与模式研究进展

在国外典型创新中心城市的经验与模式研究方面，学者们分析了典型创新中心城市的发展特征、发展模式及其经验启示。其案例城市以美国的为最多，例如学者们分析了几个美国城市成功实现创新驱动转型发展的案例。包括纽约大力发展生产者服务业，并形成了国际第一金融中心；芝加哥由制造经济向以服务业为主导的多元经济转型；洛杉矶由制造经济向高科技产业和现代服务业转型；旧金山－圣何塞（硅谷）的创新驱动发展战略（钱维，2011）；波士顿的科教资源驱动创新发展战略（韩

江波和蔡兵，2008）。在亚洲，学者们主要分析了日本东京的服务创新能力、日本川崎的高科技产业（汤进，2009）、韩国大田的政府创新驱动发展模式以及新加坡的全球文化和设计业等典型成功案例（韩江波和蔡兵，2008）。欧洲的典型案例城市是英国伦敦的创意产业驱动城市发展模式（赵峥，2011）。另外，斯图加特、米兰、阿姆斯特丹和巴黎等欧洲城市之所以成为创新中心城市，与典型的集聚经济相关，称为"内部范围效应"，并与全球化、城市化经济密切关联（James，2001）。巴塞罗那的政府主导创新模式和赫尔辛基的市场主导创新模式也具有典型借鉴意义（李靖华，2013）。上述国际城市案例的研究都表明，创新城市作为应对知识经济和全球化的一种新型城市发展模式，改变了以往的城市发展模式，有效地促进了城市国际竞争力的提高（赵峥，2011）。尽管这些城市具有各自不同的成功路径，但都具有以下相似特征。一是注重创新型产业的发展；二是注重城市创新要素的培育；三是注重城市创新平台的建设（邹乐乐等，2013）。

国内典型的创新中心城市建设经验与模式的研究主要有深圳、北京、上海和杭州等。其中，深圳将以自主创新为特征的高新技术产业作为第一支柱产业，政府努力打造优越的创新环境，并形成了创投资本链（黄河和冯叶，2016），构建了以企业为主体、以市场为导向、产学研一体化的多元化自主创新模式（辜胜阻等，2016）；北京则围绕"首都定位"和"服务功能"，尝试构建依托软件产业、微电子产业、生物医药产业和新材料产业的特色首都创新体系（邹乐乐等，2013）；上海以全球建设科技创新中心城市为目标，以科技创新为切入点参与全球竞争（刘士林和盛蓉，2017）；杭州通过强有力的政策驱动创新发展，与此同时，政府努力打造宜居的城市环境以吸引更多创新产业和创新人才的入驻，形成良性循环（李靖华等，2012）。总体上，目前我国创新中心城市的打造或多或少地仍以产业变迁的思路为主，较少考虑将新技术向有效供给转变（邹乐乐等，2013）。未来创新型城市治理实践中要以提供有效需求为目标，推动各地区围绕自身特色凝练发展方向。同时，目前仍以政府驱动为主，未来要更

加发挥市场机制对创新的驱动作用。

六、中国创新中心城市的建设路径与实施政策研究进展

对于中国创新中心城市的建设路径与实施政策这一应用研究方面，主要包括对全国城市的宏观分析和对单个目标城市的具体分析。在全国创新城市的总体发展战略和建设路径研究领域，胡钰（2007）认为，我国的创新城市的建设路径包括建立符合本市基础和条件的创新型城市目标，建立以技术创新主导的产业发展模式，建立企业为主体、产学研结合的技术创新体系，建立鼓励创新导向明确的科技、经济与社会发展政策体系，建立适于创新型人才成长的文化环境；方创琳等（2013）认为，我国创新型城市建设应集聚高层次创新主体，打造高标准创新平台，提供优质创新服务，形成良好的创新文化环境，完善创新制度，构建开放式创新网络，高效利用全球创新资源；马海涛等（2013）认为，我国应构建具有特色的开放式城市创新体系，系统推进创新型城市建设，引进和培育高技术研发机构，提升城市科技的全球竞争力，深入实施高层次人才引进计划，为城市创新发展提供智力支持，健全科技中介服务机构，推动形成完善的城市创新链条，积极发挥政府协调和促进作用，为城市创新发展提供政策保障，多渠道吸收风险资金和民间资本，为城市创新发展提供资金来源，营造良好的自主创新环境，形成利于激发创新的城市创新文化；毛艳华和蔡敏容（2015）认为，在经济"新常态"下，我国的创新型城市建设应加强科技人才培养、建立科技创新的多元化融资体系、构建以企业为核心的自主创新体系、创新城市产业园区发展及管理体制、完善市民需求导向的公共服务与管理模式。

对具体案例城市的建设路径分析主要集中在北京、上海、深圳和广州等城市。对于北京，汪馥郁等（2008）认为，北京应重点强化产学研建设能力；柴浩放和张庆文（2013）认为北京应积极构筑高端人才聚集之都，优化创新体制环境，营造有利于创新的微观生态，吸引并优化配置创新要素。对于上海，汪颖（2016）认为，上海应从产业格局、投资策略、人才延揽三个方面着力打造全球领先的创新城市；刘士林和盛蓉(2017)提出以"1+3+N"为基本框架构建上海科技创新中心的总体战略设想，其中，"1"是总体目标，"3"是重点建设"科创中心智库""财政金融支持""科创文化展示"三大支持平台，"N"是多个科技创新城节点及科技创新小微企业，形成以科技创新为主体形态的"全球科技创新中心城区"生态圈。对于深圳，李文江等（2016）对深圳创新中心城市建设提出了关于特色产业园区、风险投资、创新驱动、消费与产业升级、国际竞争产品与服务、国际语言环境及深港一体化等方面的十大发展策略。对于广州，刘慧琼（2016）认为，广州应该突出发展科技引领和创新驱动，以重大技术突破为依托，以重大市场需求为导向，营造良好的发展环境，充分发挥市场在资源配置中的基础性作用，发挥企业主体作用，加大政策扶持力度，加快将战略性新兴产业培育成先导产业和支柱产业，坚持市场导向打破路径依赖，强化企业创新主体地位和主导作用，营造优良创新创业生态环境，推动创新驱动发展走在前列。对于其他城市，邱海明（2008）认为，成都应着力发展高科技产业，构建以地域特色产业集群为基础的创新成都是其建设创新城市的重要路径；朱策（2015）认为，合肥应以众创空间为切入点，打造优质创新平台，集聚创新要素，并且着力推动产业升级。由此可见，充分借鉴国内外先进城市案例，结合城市自身特点，发挥其比较优势，提出与之相适应的发展战略和建设路径是创新中心城市建设的科学思路。

第二章　创新中心城市建设的基本理论问题

按照创新中心城市发展规律→主导动力→基本特征→发展模式→构成要素→动力机制→未来趋势的思路分析其基本理论问题（图2-1），为创新城市建设的实证研究奠定坚实的理论基础。本章的主要观点如下，创新型城市主要经历从"资源型城市→资本型城市→创新型城市→智慧型城市"的发展历程，主导驱动力分别为资源、劳动力、资本、技术、创新和知识；国际创新中心城市在城市区位、经济实力、人口规模、对外经济联系、全球市场、创新人才、研发机构、科技服务能力、创新平台和创新文化氛围等方面具有普遍的优势特征；国际创新中心城市建设的主要模式主要包括科技创新驱动模式、工业创新驱动模式、服务创新驱动模式、市场创新驱动模式、政府创新驱动模式和文化创新驱动模式；国际创新中心城市的主要构成要素可归纳为创新机构、创新平台、创新环境、创新服务、创新空间和创新网络六大方面；科技创新、产业创新、管理创新和文化创新是国际创新中心城市发展的主要外部条件和内在动力因素，上述因素的创新综合作用，构成国际创新中心城市发展的基本驱动力；全球化和知识经济背景下国际创新中心城市发展可能出现的趋势包括全球化趋势、产业创新趋势、全球创新网络演化趋势和知识经济引领趋势。

第二章 创新中心城市建设的基本理论问题

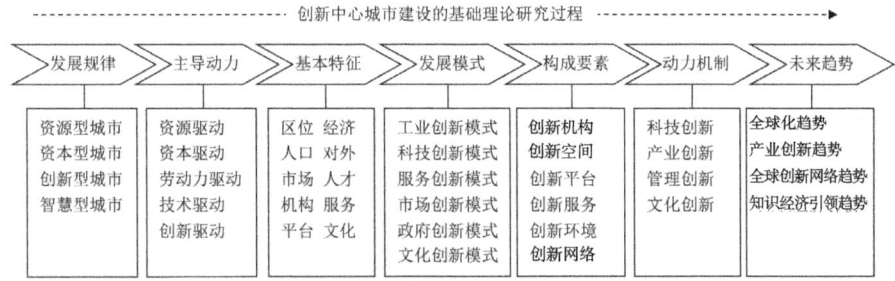

图 2-1 创新中心城市基本理论问题的研究框架

第一节 创新中心城市的发展历程与基本特点

一、创新中心城市发展的一般历程及其主要特征

根据方创琳等（2013）的研究成果，创新中心城市主要经历从"资源型城市→资本型城市→创新型城市→智慧型城市"的发展历程（图2-2）。在这样的发展过程中，不同的要素比例在城市发展不同阶段发生了相应变化，总体上，资源和劳动力的驱动作用越来越低，创新和知识的驱动作用越来越高，资本和技术在特定的发展阶段发挥了重要作用，但在创新城市和智慧城市发展阶段，其发挥的重要性逐渐被创新和知识所赶超。

（一）早期阶段

资源型城市是城市发展的早期阶段，该阶段主要依靠资源和劳动力驱动发展，对资源有很高的依赖性，城市的发展程度也依赖其资源的丰富程度。

（二）中期阶段

资本型城市是城市发展的中期阶段，这一阶段资本成为城市发展的核心驱动力，依靠资本流动维持城市发展。

（三）后期阶段

创新型城市是城市发展的后期阶段，此时，技术进步和创新要素成为城市发展的重要驱动力，城市主要依靠创新能力来与其他城市展开竞争。

（四）终极目标阶段

智慧型城市是城市发展的终极目标阶段，此时，智慧和知识成为核心要素，主要依靠知识流动增加城市竞争力和城市财富，智力密集型产业成为城市核心的产业门类。

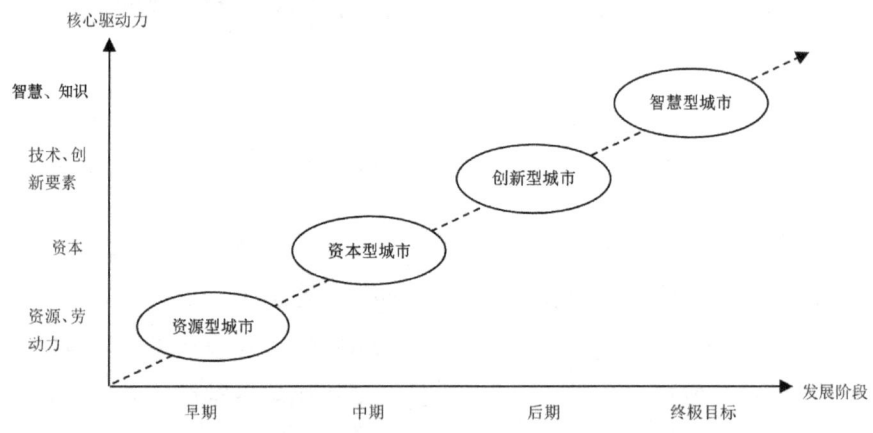

图 2-2　创新城市发展的一般历程及其主要驱动力示意图

图片来源：根据"方创琳，刘毅，林跃然等.中国创新型城市发展报告［M］.北京：科学出版社，2013."的成果改绘

二、创新中心城市建设的基本特点

纵观纽约、波士顿、旧金山-圣何塞、慕尼黑、东京、新加坡和大田等国际典型创新中心城市建设的基本特点，发现其从城市区位、经济实力、人口规模、对外经济联系、全球市场、创新人才、研发机构、科技服务能力、创新平台和创新文化氛围等方面具有以下普遍特征。

（一）城市区位

国际性创新中心城市往往是湾区城市或港口城市，或者是区域性中心城市，具有便利的交通区位优势和较发达的经济腹地。例如，纽约和波士顿属于纽约湾区，旧金山-圣何塞属于旧金山湾区，东京是东京湾区的核心城市，新加坡是著名的港口城市，慕尼黑是德国南部的区域中心城市，大田是韩国中部的区域中心城市。

（二）经济实力

国际性创新中心城市的经济发展水平普遍较高，往往是该国的经济中心（或经济中心之一）。纽约、旧金山不仅是美国的经济中心之一，也是全球的重要经济中心。东京是日本的经济中心，慕尼黑是德国的经济中心，新加坡是东南亚地区的经济中心。根据《全球城市竞争力报告（2017—2018）——房价：改变城市世界的力量》（倪鹏飞等，2017）的全球城市经济竞争力排名，纽约、洛杉矶、新加坡、伦敦、旧金山排名前5，东京、圣何塞、慕尼黑分列7～9位，这说明，国际创新中心城市也是经济竞争力非常强的城市。

（三）人口规模

国际性创新中心城市的人口规模普遍较高，往往是特大城市或大城市，具有较好的人口支撑能力。例如，东京都市圈总人口为4200万，是全球最大的都市区和都会区，其中东京的核心23区人口也达到了873万人。纽约人口为831万人，伦敦（大伦敦地区）人口为756万人，新加坡人口为553万人[①]。

（四）对外经济联系

国际性创新中心城市往往都是该国与全球联系的门户城市和对外交流

---

① 数据源于互联网查询结果，为近年来的人口数据。

枢纽城市。根据《全球城市竞争力报告（2017—2018）——房价：改变城市世界的力量》（倪鹏飞等，2017）的研究表明，纽约、伦敦和东京等城市是全球城市联系度网络中的核心，显示出其强大的对外联系能力。

（五）全球市场

这些国际性创新中心城市往往依托全球市场发展，即，创新成果转化成生产力和产品面向全球市场销售，知识和智力服务也面向全球市场销售。包括银行、保险、法律、咨询管理、广告和会计在内的六大"高级生产者服务业机构"的发展能力是体现一个城市在全球市场控制能力的重要指示器，根据"高级生产者服务业机构"的 GaWC 世界城市评价体系排名可以看出，这些国际性创新中心城市的排名大多在全球前列，也说明了这些城市在全球市场中的核心控制地位。

（六）创新人才

国际性创新中心城市往往都是创新人才的集聚地。纽约集中了全球顶尖的金融人才，波士顿具有全球顶级的科教人才，旧金山－圣何塞地区集聚了全球顶级的科技创新人才，东京都市圈集中了日本 60% 的研究人才。不仅如此，这些城市还提供了各种优惠政策和条件来吸引人才，并努力打造良好的人才创新生态环境。

（七）研发机构

国际性创新中心城市是国际著名研发机构的所在地，而且这些城市的研发机构数量多，创新能力强。例如，东京都市区的学术研究机构占全日本的 40% 左右；韩国大田汇聚了 70 多家政府和民间科研机构，其大德科技园集中了 27 个科学研究中心、36 个工程研究中心和 38 个区域性研究中心；纽约、旧金山等城市也汇聚了大量美国重要的研发机构。

（八）科技服务能力

这些国际性创新中心城市在科技创新过程中的风险投资服务、科技中介服务、知识产权服务、人才猎头服务、财务服务和法律服务等领域都具有较强优势，形成了完整的科技创新服务支撑体系。例如，风险投资家和猎头公司从世界各地为旧金山-圣何塞地区的硅谷选拔高技术人才，科技中介公司将大学的技术成果介绍到企业，同时，把社会上的需求反馈给高校。硅谷具有一流的律师事务所和财务服务公司为创业公司提供法律和财务服务。

（九）创新平台

国际性创新中心城市拥有很多著名的创新园区、科技园区、孵化器和众创空间等创新平台。例如，纽约2014年建立了200多个低租金的共享办公地点供创业者使用，同时为小企业提供孵化器；旧金山-圣何塞地区的硅谷是全球著名的科技园区；东京湾区的筑波科技园区和韩国大田的科学城，都是重要的创新平台载体。

（十）创新文化氛围

国际性创新中心城市普遍具有开放包容、国际化、多样化的创新文化。这些城市基本都是国际化城市，拥有来自世界各地的人才。纽约和伦敦的国际人口占其总人口约四分之一，旧金山-圣何塞地区的硅谷具有兼容并蓄的"宽容文化"氛围，体现为对异己的宽容、对失败的宽容、对背叛的宽容，推动了创新要素的融合和流动。

第二节 创新中心城市的构成要素与动力机制

一、创新中心城市所具备的构成要素

通过总结国际著名创新中心城市的基本特点，同时参考方创琳等（2013）的研究思路，创新中心城市的主要构成要素可归纳为创新机构、

创新平台、创新环境、创新服务、创新空间和创新网络六大方面。

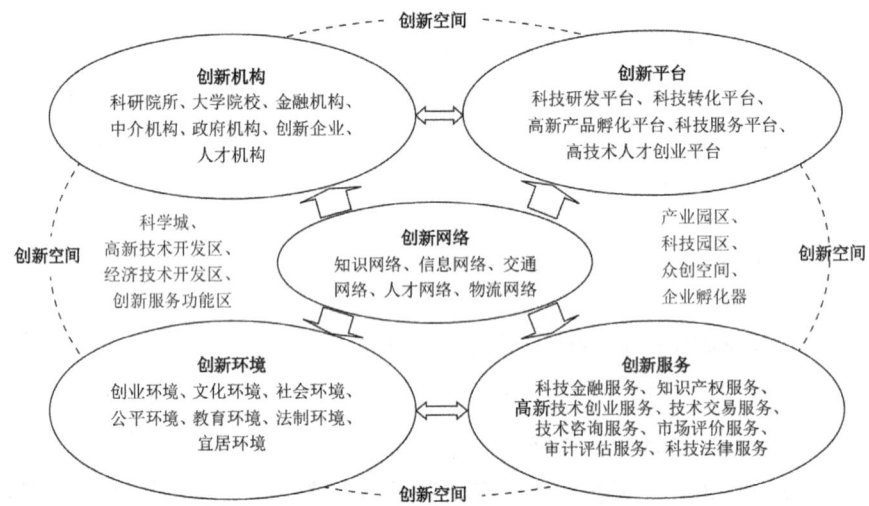

图 2-3 创新中心城市的构成要素及其相互关系示意图

创新机构主要包括科研院所、大学院校、金融机构、中介机构、政府机构、创新企业和人才机构等要素,是城市创新体系的重要基础。

创新平台主要包括科技研发平台、科技转化平台、高新产品孵化平台、高技术人才创业平台和科技服务平台等,为城市创新活动提供高端设备、知识储备和前沿信息保障。

创新环境主要涉及创业环境、文化环境、社会环境、公平环境、教育环境、法治环境和宜居环境等方面,为城市创新活动提供外部条件保障。

创新服务主要包括科技金融服务(风险投资)、知识产权服务、高新技术创业服务、技术交易服务、技术咨询服务、市场评价服务、审计评估服务和科技法律服务等要素,是城市创新活动的重要服务支撑条件,同时也是新的创新型产业业态和经济增长点。

创新空间主要包括科学城、高新技术开发区、经济技术开发区、产业园区、科技园区、众创空间、企业孵化器和创新服务功能区等类型的空间载体,为城市各类创新活动、创新企业、创新机构和创新平台提供必需的空间保障。

创新网络表现为知识网络、信息网络、交通网络、人才网络和物流网络等形式,是创新活动中各类创新主体联系的重要通道。

二、国际创新中心城市建设的动力机制

科技创新、产业创新、管理创新和文化创新是国际科技中心城市发展的主要外部条件和内在动力因素,科技、产业、管理和文化等方面的创新综合作用,构成国际创新中心城市发展的基本驱动力。其中,科技创新可以推动产业创新,进而促进文化创新;文化创新又会影响和推动科技创新,并促进产业附加值的提升和产业升级;管理创新有助于维护和保障科技创新、产业创新和文化创新;而科技创新又会进一步促进管理创新。这些驱动力推动和整合创新机构、创新平台、创新环境、创新服务、创新空间和创新网络这六大创新要素,共同推动城市实现创新发展,促进城市发展阶段的提升。这一过程共同构成了国际创新中心城市建设的主要动力机制。

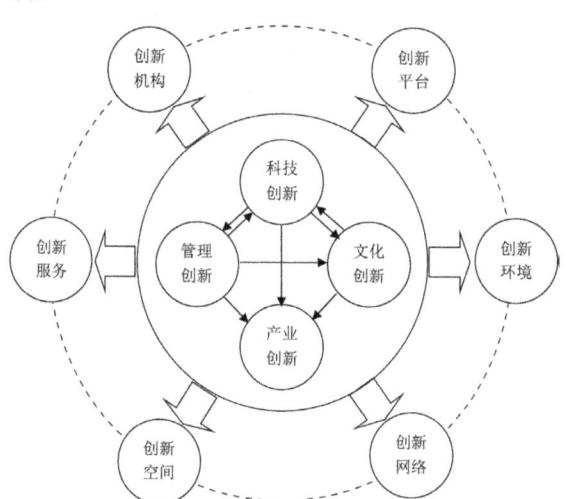

图 2-4　国际创新中心城市建设的动力机制框架示意图

第三节　创新中心城市建设的主要模式与最新趋势

一、创新中心城市建设的主要模式

借鉴方创琳等（2013）的研究成果，从创新城市的驱动力视角划分国际创新中心建设的主要模式。主要包括科技创新驱动模式、工业创新驱动模式、服务创新驱动模式、市场创新驱动模式、政府创新驱动模式和文化创新驱动模式。

（一）科技创新驱动模式

科技创新驱动模式主要体现为通过新知识、新技术驱动城市发展。新知识体现为原创型的科学研究，例如新概念、新理论、新视角、新方法、新发现和新思想等创新型知识。新技术体现为原始技术创新，包括新工艺、新产品和新的服务模式等。科技创新驱动型的城市是20世纪末至21世纪初脱颖而出的一类城市。这类城市往往依托一流的研究所、高校和创新型企业，拥有强大的原始研发能力和产学研结合下的产业创新能力。韩国大田、美国旧金山-圣何塞的硅谷是科技创新驱动模式的代表。

（二）工业创新驱动模式

工业创新驱动模式主体表现为通过技术革新对原有工业进行改造升级或发展新兴高新技术工业，增加工业的科技含量和附加值，进而提升城市产业竞争力。很多国际创新中心城市都经历过工业创新驱动的发展阶段。通过工业升级改造和产业结构调整，发展高科技含量、高价值、低污染和低能耗的工业门类，发展朝阳产业和新兴产业。美国休斯敦、德国多特蒙德等城市的工业驱动创新较为典型。

（三）服务创新驱动模式

服务创新驱动模式主要体现为通过高质量的服务和创造新的服务模式

来支撑和提升城市的创新发展。这类城市往往第三产业非常发达，城市综合管理和服务水平高，社会福利水平高。服务业包括金融、保险、法律、咨询管理、会计和广告等对知识和人才资本要求很高的生产者服务业和商业、娱乐、休闲和教育等生活服务业。发达的服务业既可以吸引创新人才入驻，又可以为创新活动本身提供服务支撑。此外，服务业态、服务过程的科技创新本身也是创新发展的一种表现形式。纽约是较为典型的以服务创新驱动为主导的国际创新中心城市。

（四）市场创新驱动模式

市场创新驱动模式主要体现为依靠市场机制配置创新资源，在市场博弈主体的竞争过程中，不断实现科技创新和技术突破，并自发形成了创新产业集群和良好的城市创新环境。市场创新驱动模式是自下而上的制度变迁模式，其创新动力来源于市场需求。政府在创新过程中处于辅助和服务的角色，主要是对民间创新活动的支持和许可。美国洛杉矶私营航天工程产业的发展就是典型的市场创新驱动模式。

（五）政府创新驱动模式

政府创新驱动模式主要体现为城市政府制定明确的创新发展目标和创新发展战略，通过自上而下的行政力量，制定实施有利于城市创新发展的政策举措，吸引创新资源汇聚，营造优质的创新环境和创新氛围。韩国大田和新加坡是较为典型的政府创新驱动模式的国际创新中心城市。

（六）文化创新驱动模式

文化创新驱动模式主要体现为通过文化、艺术、创意和设计等产业的创新发展带动整个城市的创新发展。文化创新有利于推动城市产业具有更高的层级、更大的附加值和更强的竞争力，并且有助于推动城市形成全球或区域的文化中心，增强城市创新氛围。同时，文化创新驱动形成的文化产业集群本身也成为支撑城市经济发展的重要产业类别。伦敦、新加坡和

巴黎是较为典型的文化创新驱动模式的国际创新中心城市。

二、全球化和知识经济背景下国际创新中心城市发展的最新趋势

在当前全球化趋势、产业创新趋势、全球创新网络演化趋势和知识经济引领趋势的影响下，国际创新中心城市未来发展可能出现以下趋势。

全球化依然是当前世界的主要大趋势之一，在全球化趋势下，全球价值链与劳动力市场的两极分化现象将更加明显，占领价值链高端的创新型产业将对城市的竞争力产生越来越重要的推动作用。科技进步对全球价值链格局的影响也日益增加，国际创新中心城市在全球经济和贸易的地位和枢纽作用将越来越强。另一方面，全球化推动创新要素在全球范围内大规模流动和重组，形成"创新要素全球化"的特征。这使得国际创新中心城市在"创新要素全球化"过程中扮演着越来越重要的角色。按此趋势，未来能否成为全球创新中心将成为该城市是否是全球产业中心、全球服务业中心和全球城市的核心前提和基本条件之一。

产业创新是当前全球产业发展的最重要趋势。新一轮世界科技革命和产业变革孕育兴起，可能颠覆很多现有产业形态和分工组织方式，并形成一批新的产业形态类别。对全球城市格局也将产生深刻影响。人工智能、量子科学、基因编辑、新材料和新能源等关键领域的产业创新能力将决定下一轮全球城市竞争力格局（杨长湧，2018）。因此，未来国际创新中心城市的产业创新能力将进一步被重视和提升。无论城市是"去工业化"，还是"再工业化"，产业创新都将是未来国际创新中心城市建设的核心主题之一。

近年来，全球创新网络呈现网络密度增大、网络重要控制主体增多和创新网络的联系更加紧密的新特征。这使得国际创新中心城市在全球创新网络中发挥的作用和地位越来越重要。国际性人才流、物流、信息流和知识流的枢纽作用将被进一步放大。发挥创新要素枢纽作用，形成全球创新

资源汇聚和控制中心是国际创新中心城市可持续发展的必然选择和必然趋势。另一方面，全球创新网络格局将发生变化。杜德斌和段德忠（2015）的研究认为，高端创新要素从欧美地区向亚太地区"东移"，亚洲将诞生一批世界级科技创新中心，甚至可能出现顶级的全球城市，从而重塑全球创新网络格局。

知识经济时代的来临，使得知识成为推动城市发展的重要引擎，创造和应用知识的能力与效率成为影响城市综合竞争力的重要因素。传统上的地域分工特征是管理功能（总部）在中心城市，生产制造功能在外地或国外成本较低的区域。在知识经济引领城市发展的背景下，研发在企业中的地位和作用越来越重要，研发功能（布局在创新中心城市）与生产功能（布局在外地或国外）的空间分离趋势也将越来越明显。由于研发环节与总部的管理环节联系紧密，将出现"总部管理+研发"与"外地生产"相协同的空间布局体系，这使得总部越来越倾向于布局在国际性创新中心城市。创新要素将成为吸引总部入驻的关键因素之一，使得国际性创新中心城市同时成为企业总部的集聚地，进而成为具有影响力的全球城市。

第三章　国际著名创新中心城市与科技园区建设的经验借鉴

本章分析了纽约、波士顿、旧金山－圣何塞、伦敦、慕尼黑、东京、新加坡和大田等八个代表性国际创新中心城市的案例和美国硅谷、中国中关村、中国台湾新竹、日本筑波、瑞典希斯塔、芬兰奥卢、法国索菲亚和安地比斯八个国际著名科技园区的案例，并总结其发展经验。

第一节　国际创新中心城市建设的经验借鉴

通过梳理全球主要城市的创新发展特征，结合已有研究成果和普遍共识（陈昭等，2017；王洋，2019），参考国际著名创新城市研究机构 2thinknow 对全球城市创新综合能力的综合评估结果（https：//www.innovation-cities.com/），选择纽约、波士顿、旧金山－圣何塞、伦敦、慕尼黑、东京、新加坡和大田等八个代表性国际创新中心城市，对其进行案例剖析研究（表 3-1），借鉴其发展经验。

第三章 国际著名创新中心城市与科技园区建设的经验借鉴

表 3-1 国际创新中心城市的经验借鉴

国家	城市	先进经验领域
美国	纽约	科技金融、众创空间、企业孵化、创新创业环境、人才吸引、应用科学创新
美国	波士顿	科教资源、创新文化、创新法律制度、创新产业集群
美国	旧金山-圣何塞	科技创新与产学研深度结合、人才政策、创新创业生态系统
英国	伦敦	知识密集型产业培育、创新服务、传统产业与创意产业融合、创新工艺产业化
德国	慕尼黑	科技服务、对创新型产业集群的管理和服务、知识产权技术转移服务
日本	东京	教育和创新资源促进知识型与技术密集型行业集聚、科技成果快速产业化、金融支持与上市支持、税费减免、专利交易保障
新加坡	新加坡	创意产业、知识密集型服务业、政策支持、创新型人才的培养和引入
韩国	大田	产学研合作与科技成果转化、科学城建设、高科技企业支持

一、美国纽约

纽约是以服务业创新为特色的创新中心城市，从多个方面增强提升城市的服务创新功能，借助纽约众多高校、科研单位和企业的自主研发等综合的优势条件，发展高新科技园区，带动本地经济的蓬勃发展。

（一）高新科技与金融资本的深度融合

纽约是全球金融、文化和传媒中心，汇集了众多银行、商业公司、运输公司、旅游公司、广告公司、会计公司、保险公司、文化传媒公司、影视戏院和艺术中心等行业机构，华尔街汇集了众多世界著名公司的总部及数量众多的金融机构，拥有全球市值第一的纽约交易所和全球市值第二的纳斯达克交易所，形成了以发达的风险投资为主体的金融环境，实现了高新科技与金融资本之间良好地结合，为纽约的高科技产业发展提供了必要的金融资源。

（二）众创空间与企业孵化

纽约市政府与多家公司合作，打造开拓性的搜索网站，实时为高科技

企业提供职位及创业活动等方面的信息，同时为小企业提供孵化器、办公地点和培训机构等专业信息，有效便捷地实现了投资者、企业及精英人才之间的信息共享和沟通。纽约建立了多个低租金的共享办公地点供创业者使用，还建立了几十个政府资助的创业孵化中心，提供多种类型孵化空间，包括时尚孵化中心、艺术孵化中心、技术孵化中心和商务办公孵化中心（华正伟，2012）。孵化园内提供各种专业服务以吸引企业入驻。美国以外的公司，如果拥有好的创业想法和创新能力，也有机会进入孵化园。孵化园只对企业提供办公设施和贷款支持，而不为其提供股权投资。

（三）创新创业环境与人才吸引

纽约积极推动高科技人才的输送项目，带动高科技产业企业的发展，有效改善了纽约的创新创业环境，降低了企业的创业创新成本。纽约州的大学（或学院）有51%的研发支出投给纽约。纽约拥有广阔的人才市场，吸引了来自国外的大量移民以及美国其他地区的高素质人才。在教育水平更高的地区，就业增长更加持续和稳定。

（四）应用科学创新

纽约引进全球知名的应用科学类和理工类大学，重点放在环境科学、物理、化学和计算机等专业系统研究上，在适合地区选址并配备先进专业的实验室，以促进纽约的创新研发水平，推动当地经济的大力发展。

二、美国波士顿

波士顿的科技创新水平居美国前列，堪称信息时代高新科技创新中心城市的典范。波士顿借助全球化大力发展高科技产业、金融业、商业服务业以及旅游业，注重与最高层次的全球城市竞争和协作，使得波士顿成为全球具有影响力的科技产业城市、高科技创新中心和医疗研究中心（肖奎喜和杨岩，2013）。

（一）科教资源与创新文化集聚

波士顿历史悠久，高校云集，拥有美国众多著名的综合性大学及专业院校大学，被称为"美国的雅典"，创新人才高密度集中，波士顿的研究型大学为该市的经济发展提供了大量的人才、工作机会和财富。波士顿拥有众多的高校老师、专职研究人员，为其提供了大量的创新人才资源，使得城市的氛围总体上是积极向上、鼓励创新、鼓励自由思考的，将创新文化深入每个民心中，从而整个城市都是充满着适合创新活动的文化氛围。

（二）创新法律制度建设

波士顿为了保护个人或团体的创新权利，以及知识产权的自主拥有权，建立了高度完善的法律保护体系，为创新主体提供了良好的法律环境，使城市创新活动更有序更纯粹地进行。

（三）创新产业集群建设

波士顿为各类创新人才提供了大量的创业和就业机会。由于科教、人才资源的集聚，使波士顿拥有无与伦比的科技创新能力，具备发展高新科技创新中心城市的源动力，形成了一系列创新产业集群。

三、美国旧金山－圣何塞

美国旧金山－圣何塞一带是全球高科技技术创新和发展的开创地带，同时也是当今世界上电子工业和计算机产业的中心。这里拥有全球著名的科技创新中心"硅谷"。硅谷在高新技术从业人员密度、高新技术职位的平均年薪等指标上都居美国首位，成为美国当之无愧的高新技术产业摇篮。在旧金山－圣何塞，产学研深度结合推动原始科技创新是其成为全球创新中心的关键。

（一）科技创新与产学研深度结合推动成果转化

旧金山湾区的核心地带——硅谷，集聚了斯坦福大学、加州大学伯克

利分校等具有雄厚科研力量的顶尖大学，拥有多个国家级研究实验室，以此为依托，通过孵化育成、吸收引进等方式，发展培育大大小小创新企业达 10 000 家以上。很多硅谷企业在研发活动中与大学或科研机构建立密切合作关系，共同开展研发活动和培养人才。这些大学同时也非常重视与企业的合作，鼓励与企业进行联合开发和创新研究，也注重其研究成果转化为专利，形成融合科学、研发、生产于一体的高新技术产业集群（廖晓淇，2008；廖晓淇，2009）。

（二）开放宽容的人才政策与完善的创新创业生态系统孕育硅谷创业精神

硅谷的成功是所有创新创业主体、资源、要素和环境全面协同和良性发展的结果。它拥有优良的整体创新创业环境、协同互动的生态关系，构建了一个高度自组织发展的创新创业生态系统。改变世界的追求和爱好技术的狂热使得创业精神融入硅谷人的社会价值观，鼓励冒险、包容失败的社会文化培育了积极健康的创业心态。政府、企业、大学、科研机构、金融机构和中介服务机构等所有创新创业主体和要素"各就各位、各司其职"，推动硅谷创新创业生态系统良性循环、不断进化（廖晓淇，2008；廖晓淇，2009）。

四、英国伦敦

伦敦的创新中心城市发展模式主要是创新产业的多样化发展，尤其突出的是其金融和文化创意产业，这使得伦敦成为具有全球影响力的金融中心和文化中心。

（一）知识密集型产业培育与创新服务支撑

伦敦拥有英国近 1/3 的高等院校及科研机构，这使得伦敦拥有无与伦比的科研创新实力。伦敦为了实现城市产业结构的优化和升级，积极推动创意产业的发展（华正伟，2012），加快学研产一体化发展，大力提升高校、科研机构的直接合作，大力促进知识密集型创意产业的培育和发展。伦敦注重为中小型企业无偿提供创新发展的各种好想法，并开通申请创新基金的直通车。同时，给具有创新思维的青年人提供广阔的平台，推动创新知识和创新思维的积极传播。

（二）传统产业与创意产业融合

创意产业作为一种新型产业，在促进经济发展、转换增长模式上起着重要的作用。创意产业是知识密集型产业，是新技术与知识产权有关的创意与传统产业的融合，创意产业具有价值的非异化特性，具有丰富的内在活力源泉，是可持续的节能产业。创意产业与传统产业的融合发展可源源不断地为区域发展提供活力。伦敦就是依托创意产业的发展，实现了城市的产业结构优化转型和升级的典型案例（李英武，2006）。

（三）创新产品与创新工艺产业化

伦敦作为国际金融中心，能轻易地吸收大量风险投资，而吸收来的投资，可以轻易地转化到中小企业中。因此，拥有创新能力的中小企业可以得到众多的资金支持和先进的管理。接受了这样的扶植，当新产品研发出来时，企业就必须尽快商业化才能获得预期的投资回报。通过这样的改革创新和淘汰机制，才能源源不断地形成一个良性循环，保证了伦敦创新城市的蓬勃发展。伦敦拥有数量众多的新兴技术行业的中小企业，并集中分布，从而形成了具有规模效应的企业集群。但由于同质化竞争激烈，各企业必须不断提升自身的产品创新能力，不断提升创新工艺，增强创新型企业的协作，才能加快新产品的投放和新市场的开发，从而带动企业的发展。

五、德国慕尼黑

慕尼黑是德国经济中心和工业中心，受益于发达的专业服务业、高技术资源和传统产业基础等方面的优势，一直被视为德国乃至欧洲的最重要的制造业城市。慕尼黑在电子工业、IT产业、生物工程和汽车工业等领域

创新中心城市建设的理论与战略：基于广州的实证研究

在全球范围内拥有很高的地位。同时，慕尼黑在知识产权推动科技创新发展方面的优势非常突出，被誉为欧洲乃至全球的"知识产权产学研中心"。

（一）注重科技服务的引领作用

政府高度注重科技创新对产业和经济发展的重要作用，通过采取多种措施，引导科技创新和经济发展实现紧密结合，从而推动科技服务业等专业服务领域的快速发展。例如，慕尼黑所在的巴州所成立的"史太白"（steinbeis）技术转移中心非常著名，自成立以来该中心成功实现了由一个州立技术转移机构发展成国际化的技术转移网络机构，其主要业务定位于组织技术转移服务，面向技术创新各阶段提供咨询服务、研究开发、国际技术转移和人才培训等各类专业服务。此外，慕尼黑的现代服务业也非常发达，为科技创新活动提供了强有力的支撑。慕尼黑是德国第二大金融中心，保险业发达。慕尼黑也是德国主要的国际性会展城市和传媒中心城市。①

（二）对优势创新型产业集群给予全方位的管理和服务

慕尼黑生物科技产业集群在全球非常著名。成功原因之一在于，在慕尼黑生物科技产业集群内部，推行了一种集成化、专业化的区域管理与区域服务模式，在该模式下集群管理部门有效整合区域内的各类服务资源，为科技企业、科研院所提供全方位、"一条龙"式的管理和服务。针对产业特点和业务需求，还"量身定做"了一些功能型服务平台，通过各种专业技术服务中心，服务商能够一站式地为科技企业的早期临床试验提供支持和建议，在此过程中基于网络联系而建立起来的与当地服务机构之间的紧密联系也发挥着重要作用。②

---

① https://mp.weixin.qq.com/s?__biz=MzA5OTcxMzEwNg%3D%3D&idx=6&mid=406658971&sn=f61d8e9e57aba43c415acb8a5262e5f4

② https://mp.weixin.qq.com/s?__biz=MzA5OTcxMzEwNg%3D%3D&idx=6&mid=406658971&sn=f61d8e9e57aba43c415acb8a5262e5f4

（三）注重知识产权技术转移的服务

总部设在慕尼黑的马普学会（MPG），承担着德国全国知识产权转移与融资的重要职能。该学会以许可的方式授予企业开发发明的权利，并且与企业协作联合开展研发活动。该学会还下设分支机构（MPI），承担技术转移职能，将科研成果和商业紧密结合。这样，学会的知识产权人就可以通过创建自己的企业进一步将自身技术进行商业化和产业化（郑友德，2010）。此外，在德国专利商标局和欧洲专利局周边聚集了近百家专利事务所和律师事务所。这些机构与宝马公司和西门子公司以及30多万个汽车制造、机械、电气、化工和文化创意领域的中小企业共同构成欧洲的乃至全球的"知识产权产学研中心"（潘晶和郑海味，2010）。

六、日本东京

东京是制造业和服务行业创新中心城市，是亚洲地区最有活力的城市之一。政府对高科技企业提供金融支持，实现高技术产业税费减免，保证专利交易的公平公正，积极扶植高科技企业发展，使东京成为以服务业为主导的创新中心城市。

（一）教育资源和创新资源促进知识型、技术密集型行业向东京都市区集聚

东京湾区拥有以东京大学、庆应义塾大学、武藏工业大学和横滨国立大学等为代表的大学225所，占全国大学总数的29%。学术研究机构占全国的40%左右，研究人员数更是超过60%。大批高等学府向湾区企业输送了大量的科技创新人才，也为产学研结合推动产业发展奠定了基础。依靠科技创新，东京都市区逐步形成了京滨、京叶两大工业地带，集聚了全国40%的工业产值和26%的GDP，钢铁、石油化工、现代物流、装备制造和高新技术等产业十分发达。东京湾区产业的集中和人口的集聚，促进了以东京为核心的首都城市圈发展，使之成为日本最大的工业城市群和最大

的国际金融中心、交通中心、商贸中心和消费中心。

（二）"产学研"体系的协调运转促进科技成果快速产业化

东京及其东京湾区集聚了众多具有产业创新能力的大企业和研究所，包括 NEC、佳能、三菱电机、三菱重工、三菱化学、丰田研究所、索尼、东芝和富士通等。湾区积极促进各大学与企业开展科研合作，努力实现大学科研成果的产业化。建立了专业的产学研协作平台，完善相关产学研合作机制，形成更有竞争活力的创新体系，将原来隶属于多个省厅的大学和研究所调整为独立法人机构，从而赋予大学和科研单位更大的行政权力。同时，把科研的主体放在企业，每年企业研发经费的投入占日本 R&D 经费的 80% 左右。通过"产学研"体系的协调运转，较好地发挥了各部门联合攻关的积极性，有效地促进了科技成果的快速产业化。

（三）高科技企业金融支持与上市支持

东京为高新技术企业提供完善的金融服务。资金是各种创新研究的前提条件，只有拥有足够的资金，才能使科研团队无后顾之忧地专心研发。东京为了促使创新活动的大力发展，对高科技企业的贷款开放了众多便利条件，还专门成立小企业金融公库，高科技小企业通过金融公库可进行低年息的特别贷款。东京对高科技中小企业的上市提供了强有力的支持，颁布了许多对中小企业发展有利的政策，降低门槛，开通融资渠道，提供特殊的股票交易市场，对信息化程度不高的中小企业，政府还组织专业的培训，辅助中小企业建立专业的网络采购平台，促进中小企业的交易更加方便快捷。

（四）高技术产业的税费减免和专利交易保障

拥有自主知识产权和创新能力的高科技企业，可在东京拥有很多优惠便利的财税优惠政策，如实施技术产业的税费减免，企业设备税和技术开发资产税的减免，以及企业设备的特别折旧等政策。大大节约了高技术产业企业的创新成本，从而促进企业不停地进行自主创新，形成良性循环。东京对科技创新的支持力度很大，首先重视校研企协作的创新体系。其次，积极鼓励个人及团体申请专利，并由专门部门拨款补贴科学研究。另外，还鼓励高校、科研机构各专业人员的交流研究，吸引国外精英人才加入，以便更好地吸收学习先进的科研技术理念。

七、新加坡

新加坡是世界电子产品制造中心之一，也是国际贸易中转站，同时也是亚洲重要的物流中心、金融中心和文化创意中心。新加坡逐渐形成了以创新为核心驱动力的产业门类，成功发展了生物医药、信息产业和数字传媒等知识密集型产业，实现产业结构的创新型和多元化升级，进一步稳定了其全球地位（詹正茂和田蕾，2011）。

（一）注重文化、设计和传媒等创意产业的发展

新加坡尤其重视发展以艺术文化、设计和传媒三大领域为代表的创意产业，努力将新加坡打造成"亚洲创意中心"，并提出了"文艺复兴城市2.0"、"设计城市新加坡"和"媒体21"等具体的创意产业发展战略和举措。同时，注重引进全球创意人才，将创意产业与高技术制造业相结合，提升制造业的附加值和竞争力。形成了创意产业拉动经济增长，又推动其他产业高端化发展的良好局面。

（二）通过发展知识密集型服务业打造优良创新环境

新加坡充分利用人力、区位和法律环境等优势，打造全球化的服务中心。其发展的重点领域是信息通信技术、金融服务和法律服务。主要方式有：第一，打造亚太地区顶级的风险管理中心，强化对财富的服务和管理能力，营造全球领先的商务环境；第二，吸引国际化的法律人才，加强国际法律合作；第三，建立知识产权院，防止优质专利外流，提供知识产权管理能力。

通过这些措施打造优良的创新创业环境。

（三）通过政策优惠支持创新城市建设

新加坡通过税收减免、政府津贴和创业补助等多种形式吸引和支持科技产业、新兴产业和新技术开发企业来新加坡发展。例如，对可带来高新技术的外国企业，在新加坡设厂可享有减免盈利税33%的税收优惠；对高新技术开发企业给予5～10年的免税期；对从事研究开发的企业，对其研发支出给予50%的政府津贴；对新兴工业和服务业予以5～10年的税收优惠；对创业投资项目出售所产生的全部损失，可由投资者在其他税费中抵扣；对于可提升科技生产水平的创业投资基金（新加坡无相同技术前提下）可在5～10年内免所得税（季必发，2010）。

（四）注重创新型人才的培养和引入

新加坡不断探索教育体制的改革，在教育方针上强调职业培训、国民教育和创意思考，其核心是让全体新加坡人都成为有创新能力的人才（陈洁民，1999；邹乐乐等，2013）。此外，新加坡通过制定智能型和技术型移民政策，吸引全球人才到新加坡工作生活，以支撑新加坡知识经济驱动战略的实施。

八、韩国大田

韩国大田资源相对匮乏、城市面积不大，没有突出的资源禀赋，但由于其以科学城创建亚洲新硅谷，大田经济得到突飞猛进的发展，成为韩国城市创新驱动发展的典范。大田在创新中心城市发展过程中，其产学研合作、科学城建设、高科技企业发展和科技成果转化等方面具有借鉴意义。

（一）产学研合作与科技成果转化

经过几十年的发展，大田聚集了大量的高校、研究所和高科技企业，政府还颁布各种政策来鼓励高校、科研机构的科研成果进行资源共享，从而极大地提升了科技竞争力。大田为了实现产学研紧密合作,大力促进科研成果转化。依托于科学城,推动科技、产业与经济相结合,从而实现了大田经济的腾飞。

(二)科学城建设

为了提高竞争力,实现产业结构的转型,大田设立了综合科学城。科学城获得了韩国高等科学技术学院的加入,带来了充足的发展动力,吸引并集聚了大量的高科技人才和发展资金,实现科研成果与创业企业的无缝对接(李英武,2006)。高等教育、科研单位的开发研究,科技企业的开发运用等形成了完整的产业链,实现了大田经济的腾飞。

(三)高科技企业支持

众多高科技企业都集中在科学城,与高校和科研机构一起形成具有现代化规模、拥有先进科研设施的专业化科学研究基地。政府为具有创新能力的科技型中小企业的发展提供资金支持和财政税收优惠(刘硕和李治堂,2013),在法律条例方面,也严格保护企业的创新成果和知识产权。

第二节　国际科技创新园区建设的经验借鉴

国际科技创新园区是一种以智力密集型产业为依托,以开发高技术和开拓新产业为目标的综合性园区。其建设的目的是通过促进科研、教育与生产相结合,为知识创新主体的知识创新活动提供良好的空间平台,以此推动科学技术与经济社会协调发展。美国硅谷、中国中关村、中国台湾新竹、日本筑波、瑞典希斯塔、芬兰奥卢、法国索菲亚和安地比斯是国际著名科技园区。纵观国际性科技创新园区建设的先进经验,可以看出,大学、研究所和创新型企业是科技创新园区发展的核心驱动力和发展要素;从位置上看,基本位于首都或特大城市附近,这样既有利于利用现有特大城市

的各类发展资源和发展要素，又可降低创新成本，为高科技产业的创新创业提供成本优势，并可吸引人才入驻；从发展策略看，政府在其中起到了非常重要的引导作用，政府的大力投资或政策支持的作用不可忽视；从人才战略看，这些园区大多提供良好的生活环境和公共服务环境，尽最大努力吸引人才。下述内容从建设特征、发展优势、发展动力和驱动措施等方面总结国际性科技创新园区的先进经验（周晴和王洋，2018）（表3-2）。

表3-2 国际科技创新园区建设的经验借鉴

		建设年份	面积（km²）	位置	发展策略	核心驱动因素	特征
美国	硅谷	1950	3885	旧金山南部40 km	大学、研究所以及地方政府机构进行远景规划	大学、研究所、高科技企业；器材、设备企业、专业服务企业	革新、开放性管理文化；创业与成长的良性循环的风险投资型企业；吸引优秀人才的保障（斯坦福大学）
中国	中关村	1988	100	北京海淀区	大学、研究所主导型；引进跨国企业（MS、AOL等）	大学、研究所，以及大学开办的企业、spin-off企业（抽资脱离冒险企业）	大学、研究所的积极参与；华侨技术、资金和关系网；引进外企与研究中心
中国台湾地区	新竹	1970	6.3	台北南部70 km	给华侨提供住房，给美籍华人提供国际学校引进人才入驻	政府、华侨CIE和硅谷内中国人专家团体	20世纪70年代通过人才出去，引进硅谷的市场信息与高端技术（1998年为止，30%以上的工程师回到台湾）
日本	筑波	1970	26.9	东京东北方向50 km	建设研究、教育中心；疏散东京都圈过集中的人口	大学、大学出资研究所、民间研究所、中央和地方政府	靠政府指令；规划和主管都是由国家最具权威的机构进行的，使得科学城的建设得以顺利进行
瑞典	希斯塔	1976	2	斯德哥尔摩西北20 km	大学、研究所主导型；引进海外跨国企业（企业、大学、研究所的企业外企占30%）	大企业、大学、跨国企业研究所（MS、IBM、HP、苹果、LG）	引进许多外企、研究所；地方政府主导产、学协助体系

第三章　国际著名创新中心城市与科技园区建设的经验借鉴

续表

		建设年份	面积（km²）	位置	发展策略	核心驱动因素	特征
芬兰	奥卢	1959	0.33	芬兰北部中心地带	与民间企业共同开发核心技术；诺基亚等企业将核心技术应用商业化，并外包生产	Oulu大学，国家技术研究中心（VTT），跨国企业，专业管理经营	政府大力支持；专业管理经营（科技城，1982）；世界级工科大学（Oulu大学与研究所，VTT）
法国	索菲亚；安地比斯	1970	44	法国南部夏纳附近	为解决北部巴黎地区之间的发展差距，由南部地方政府主导	跨国企业的欧洲总部；小企业（政府出资）；大学	建设亲近自然的科技城；得到地方政府大力投资，成为世界级科学城；Sophia（智慧城市）+Antipolis（田园城市）

一、美国硅谷

美国硅谷科技园区建立于1950年，面积3885 km²，位于旧金山南部约40 km，以高科技产业为主导。其发展优势与特征是具有革新、开放性的管理文化，也具有创业与成长相互契合且良性循环的风险投资型企业，更有优秀的人才供应保障（例如斯坦福大学）。其发展的核心驱动力是大学、研究所和高科技企业给予的科技支撑，以及器材与设备企业和专业服务企业提供的创新保障。政府推动其发展的措施主要是通过产学研结合，将大学、研究所等科技资源与产业密切结合进而推动其发展。

二、中国北京中关村

中国中关村科技园区建立于1988年，面积100 km²，位于北京市海淀区，中关村科技园是我国体制机制创新的试验田，以IT产业为主导。其发展优势与特征是，该区域是科教智力和人才资源最为密集的区域，其附近具有大学（以北京大学、中国人民大学和清华大学为代表的高等院校近41所）、研究所（以中国科学院、中国工程院所属院所为代表的国家（市）

科研院所206家），华侨技术、资金和关系网，以及引进外企与研究中心。其发展的核心驱动力是大学、研究所，以及大学 spin-off 企业（抽资脱离冒险企业）。政府推动其发展的措施主要是通过借鉴硅谷模式，发挥大学、研究所的创新主导作用，并引进跨国企业。

三、中国台湾新竹

中国台湾新竹科技园区建立于1970年，面积6.3 km^2，位于中国台湾地区台北南部约70 km，以IT产业为主导。发展优势是高素质的从业人员+低成本生产+政策强力支持+便利的运输系统。其发展的策略是，在20世纪70年代通过引进硅谷的市场信息与高端技术，以吸引原来在发达国家工作的人才回流。到1998年为止，30%以上的工程师回流台湾。其发展的核心驱动要素是政府、华侨、CIE（Chiness Institute of Engineers）和硅谷内中国人专家团体。政府推动其发展的措施主要是借鉴硅谷经验，通过给华侨提供住房，并给美籍华人提供国际学校来吸引人才入驻。

四、日本筑波

日本筑波科技园区建立于1970年，面积26.9 km^2，位于东京东北方向50 km，以生物技术产业（BT，Biotechnology Industry）为主，其形成和发展完全靠政府规划和引导。筑波科技园区的规划、建设和管理都是由国家最具权威的机构执行，使其可以顺利地开展科学城的建设和搬迁工作。其发展的核心驱动部门是大学、大学出资的研究所、民间研究所，以及中央和地方政府。政府推动其发展的措施主要是通过建设研究中心、教育中心，进而疏散东京都市圈过于集中的人口。

五、瑞典希斯塔

瑞典希斯塔科学城建立于1976年，面积2 km^2，位于瑞典首都斯德哥尔摩西北方向20 km，以IT产业为主导。发展策略是引进许多外企、研究所入驻，地方政府主导产、学协助体系进而推动其高科技产业的发展。其发展的核心驱动要素是大企业、大学和跨国企业研究所（例如 MS、IBM、HP、苹果、LG 的研究所）。该园区是典型的大学、研究所主导型的科学城。

六、芬兰奥卢

芬兰奥卢科技园区建立于 1959 年，面积 0.33 km^2，距离赫尔辛基 500 km，是芬兰北部中心，以 IT 产业为主导，发展优势是政府大力支持和专业管理经营，并拥有世界级工科大学（Oulu 大学与研究所）。其发展的核心创新载体是奥卢大学、国家技术研究中心（VTT）和跨国企业。政府推动其发展的措施主要是通过与民间企业共同开发核心技术。例如诺基亚等企业将核心技术应用商业化，并外包生产。

七、法国索菲亚和安地比斯

法国索菲亚和安地比斯的科技园区建立于 1970 年，面积 44 km^2，位于法国南部戛纳附近，以 IT 产业为主导，发展优势与特征是建设亲近自然的科技城市，兼具智慧城市（索菲亚）和田园城市（安地比斯）的特征。通过地方政府的大力投资，成为世界级科学城。其发展的核心驱动要素是跨国企业的欧洲总部、小企业（政府出资）和大学。政府推动其发展的主要目的是为解决与北部巴黎地区之间的发展差距，是由其南部地方政府主导推动建设的。

第四章　广州建设创新中心城市的背景与基础条件

本章以广州为案例，阐述了创新中心城市建设的背景、意义及必要性。表明广州有必要加快建设"国际科技创新枢纽"和"国家创新中心城市"。在此基础上分析了广州在国际与国内创新中心城市中的地位，建设创新中心城市的基础条件与优劣势，并识别创新载体集聚区。研究表明，广州在全球创新链与创新网络中具有重要地位，在中国城市创新指数、中国城市科技创新能力、中国城市产业创新力、中国城市创新力和中国城市创新技术转移集散能力方面具有较高的排名。广州在一些指标上与北京、深圳、上海和杭州仍存在差距，这些城市值得广州对标追赶。广州具备创新基础支撑条件、创新资源支撑条件、创新平台支撑条件和创新服务保障条件。其优势和机遇体现在地缘优势、基础优势、外部环境机遇、政策发展机遇和产业环境机遇。但在资源、环境、土地和人力成本等方面仍存在不足和瓶颈约束，并受到发达国家的技术垄断挑战和国内同类城市竞争挑战。广州市内部的不同类型创新集聚区的空间分布与空间集聚特征各有不同，同时具有空间集聚性和空间异质性特征。

第四章　广州建设创新中心城市的背景与基础条件

第一节　广州建设创新中心城市的背景与意义

一、广州创新中心城市发展战略

2015年6月,广州响应国家战略决策,顺应全球发展趋势,提出建设"国家创新中心城市";同年12月,广州市委十届七次全会首次提出,建设"国际科技创新枢纽"[①]。广州建设国际科技创新枢纽离不开其国家创新中心城市的建设。由于广州建设国家创新中心城市是广州成为国际科技创新枢纽的前提和必要条件,只有成为国家创新中心城市,才能进一步参与国际创新城市竞争,进而打造国际科技创新枢纽。"国际科技创新枢纽"和"国家创新中心城市"二者互为因果、相互推动,为实现广州创新驱动发展、抢占新一轮制高点和提升城市竞争力提供保障。由此可见,广州的创新中心城市发展战略同时包括了建设"国家创新中心城市"和"国际科技创新枢纽",二者具有紧密的关联。在发展战略和建设路径等多方面,二者殊途同归。因此,为了方便表达,本书将"国家创新中心城市"和"国际科技创新枢纽"统称为"创新中心城市"。

广州建设创新中心城市的发展战略是广州加快实现从要素驱动向创新驱动切换、从跟随式发展向引领型发展转变,抢占新一轮发展制高点的重要部署(广州市人民政府,2016)。该战略的提出将有利于广州市整合国际科技资源,增强国际科技辐射能力和集聚能力,在未来城市竞争中抢占先机。广州建设国家创新中心城市和国际科技创新枢纽将为实现广州创新驱动发展、抢占新一轮制高点和提升城市竞争力提供重要保障。

二、广州创新中心城市发展战略的背景

当前,在全球经济增长乏力和中国经济"新常态"的背景下,创新

---

① 佚名.广州嵌入全球创新体系 打造国际科技创新枢纽 - 广东频道 -21CN.COM.http://news.21cn.com.

驱动已成为经济社会可持续发展的核心动力。经济全球化是当今世界经济发展的大趋势，伴随着全球化进程，世界进入了知识经济时代。在此背景下，创新能力已日益成为各个国家和地区发展的战略资源和竞争的核心要素。如何提高城市创新能力进而增加城市软实力，是一项全社会共同关注的重要议题（聂莉和曹可欣，2012）。创新是城市软实力的重要组成部分。2008年国际金融危机带来了世界经济格局的新变化，全球经济进入大调整、大变革和大转型的时代。在当前的"后危机时代"，全球开始孕育出新的技术和新的产业形态，这些新趋势对全球经济增长路径产生了较为深刻的影响。知识经济在区域发展中的作用将愈加显著，创新能力对区域发展的作用将更加明显。企业竞争力、城市竞争力、区域竞争力和国家竞争力很大程度上都依赖于创新能力。可以说，未来全球城市间的竞争，是创新能力的竞争。

全球科技创新的新趋势表现为如下几点。第一，全球科技创新要素向国际中心城市集聚。旧金山、纽约和东京等世界著名城市将引领全球科技创新，成为带动全球经济发展的增长极。此外，伦敦、巴黎和新加坡等发达国家的国际性中心城市也是国际性的创新枢纽。第二，新技术与传统产业相结合激发新需求，催生新业态和新模式。创新与产业的融合已成为传统优势产业成功转型发展和可持续发展的核心因素。第三，现代服务业与科技创新融合发展。金融服务、知识产权服务、中介服务和信息服务进一步推动了科技创新发展。区域或城市间科技创新能力的竞争不仅是科技研发能力的竞争，更是服务支撑能力的竞争。第四，当前的科技创新活动已从"园区时代"走向"城市时代"。从当前世界创新活动的发展趋势看，传统仅依托少数"创新园区"参与全球竞争的时代已经结束。创新活动越来越趋向多元化、专业化，并且越来越离不开城市的环境、公共服务能力、金融服务、基础设施和各类专业人才的保障和支撑（王洋等，2017）。

"创新驱动"成为"新常态"背景下中国城市发展模式的必然选择，中国经济增长速度、发展方式、经济结构和发展动力等方面呈现一系列新

第四章 广州建设创新中心城市的背景与基础条件

的趋势性变化，中国经济已经进入"新常态"。经济增速逐渐下降，由高速降为中高速；经济增长方式逐渐转为有质量有效率的集约式增长；经济结构转向优化增量、调整存量的模式（中国共产党广东省第十一届委员会第五次全体会议，2015）；增长动力逐渐由原有的要素投入和投资向创新转变；需求结构由投资和出口拉动为主向消费拉动为主转变。在社会发展方面，未来发展面临的资源环境约束将更加紧迫，发展目标由追求GDP向追求经济社会自然和谐发展转变，对生态环境保护更加关注。面对我国经济发展新常态，城市发展必须适应这些新形势和新常态，应追求更高发展质量和发展效率，保持平稳健康的发展节奏。因此，"创新驱动"成为"新常态"背景下中国发展模式的必然选择。创新城市建设将成为中国城市竞争能力的重要基础保障。

如何提高城市创新能力进而增加城市软实力，这是一项全社会共同关注的重要议题。历史经验表明，城市间的竞争最终表现为创新能力的竞争。拥有强大创新能力的城市更容易进入世界城市体系中的顶端，成为全球或国家的中心城市。可以认为，创新能力是城市影响力和竞争力的第一构成要素（王洋，2018）。

改革开放以来，广州经过多年的快速发展，成为国内外具有重要影响力的城市。但在创新能力上还与国际先进城市存在差距，也与国内的北京、上海和深圳存在一定距离。在全球新一轮创新驱动发展的大趋势下，广州要想继续保持并提升其城市地位和城市竞争力，继续代表我国参与国际产业分工合作和竞争，就必须成为国内外具有重要影响的国际科技创新枢纽和国家创新中心城市。创新中心城市将成为城市间、区域间和国家间创新活动竞争的最重要载体和单元。在此背景下，广州在科学考量创新中心城市的本质内涵，准确把握自身创新能力的基础上，提出建设"国际科技创新枢纽"和"国家创新中心城市"，是广州嵌入全球创新链条、融入全球创新网络，以及提升全球竞争力的重要举措（王洋，2018）。

广州作为国际商贸城市、国家中心城市、国家门户城市和中国南方

创新中心城市建设的理论与战略：基于广州的实证研究

科技与文化中心，具备建成国家创新中心城市和国际科技创新枢纽的基础和优势条件。但具体的模式选择、建设目标、建设重点、建设路径和配套措施等一系列问题需要进一步深入研究和探索。因此，如何更快地将广州建设成"国际科技创新枢纽"和"国家创新中心城市"，打造"广州模式"，成为当前亟待解决的重要问题（王洋，2018；王洋等，2018）。

三、广州建设创新中心城市的意义与必要性

（一）是广州提升城市科技创新能力，实现创新驱动发展的战略选择和必由之路

当前，创新驱动经济战略已成为推动广东省经济结构调整和产业转型升级的核心战略。已从提高创新能力、培育创新型企业、推动新一轮技术改造和推动区域创新建设等方面推动实施（王洋等，2017）。2015年6月中共广州市委、广州市人民政府提出《关于加快实施创新驱动发展战略的决定》，指出广州要进一步实施创新驱动发展战略，该战略是新时期、新常态下推进改革发展的重大选择，是推动以科技创新为核心的全面创新的重要措施。广州加快建设创新中心城市是贯彻落实广东省、广州市创新驱动发展战略的重要举措，是实现广州市创新驱动发展的必由之路（佚名，2015）。

（二）是广州作为"广州—深圳—香港—澳门"科技创新走廊的核心城市之一，共同打造粤港澳大湾区国际科技创新中心的重要举措

2017年12月，在中央经济工作会议上，"科学规划粤港澳大湾区"被写入2018年经济工作，标志着粤港澳大湾区战略规划即将进入全面启动的新阶段，体现出"粤港澳大湾区"在国家发展战略中的重要地位和作用。2019年2月，中共中央、国务院印发《粤港澳大湾区发展规划纲要》，明

第四章 广州建设创新中心城市的背景与基础条件

确提出粤港澳大湾区建设国际科技创新中心的目标。广州在粤港澳大湾区中扮演着科技龙头之一和四大中心城市之一的角色,广州打造创新中心城市是推进粤港澳大湾区建成全球科技创新中心的关键。此外,同样是2017年12月颁布的《广深科技创新走廊规划》提出到2050年将广深科技创新走廊建成国际一流的科技产业创新中心(广东省委省政府,2017),打造成为中国的"硅谷"。这一目标的实现也离不开将广州建设成为创新中心城市的战略目标。

(三)是广州带动广东省产业转型升级和可持续发展的迫切要求

《广东省第十二次党代会报告》指出,要推动广东省的产业结构调整和转型升级。深化供给侧结构性改革,关键要在产业结构调整上取得实质性突破。坚决淘汰落后产能,深入推进"三去一降一补",严格执行环保、能耗和质量等法律法规和标准,推动落后产能市场出清。大力改造提升传统产能,深入推进新一轮技术改造,提高产品质量和附加值。贯彻落实《中国制造2025》战略部署,坚持把智能制造作为主攻方向,大力实施广东省智能制造发展规划,大规模应用机器人,建设智能工厂。围绕先进制造业发展生产性服务业,推动"广东制造"向"广东智造""广东创造"转变。加快培育新动能,深入实施"互联网+"行动计划,推动共享经济等商业模式创新,积极培育发展新一代信息技术、高端装备制造、绿色低碳、生物医药、数字创意和新材料等战略性新兴产业,争取再形成若干个万亿级产业新支柱。建设海洋经济强省,打造沿海经济带,拓展蓝色经济空间(胡春华,2017)。在此背景下,广州的产业转型升级,需要创新的载体,需要一个切入点。找准切入点,将有利于转型升级(佚名,2016)。这个切入点正是广州加快建设创新中心城市这一发展战略。

(四)是广州担任珠三角全面创新改革试验的核心区,带动珠三角各市创新驱动发展的现实需要

珠三角国家自主创新示范区是广东省创新发展的核心区,将坚持创新、

协调、绿色、开放和共享发展理念，以创新驱动发展为核心战略和总抓手，在全面创新改革试验中先行先试，着力完善开放型区域创新体系，建设重大平台体系、自主研发体系、孵化育成体系、公共服务体系和信息网络体系，支撑引领珠三角产业转型升级，在全省率先形成以创新为主要引领和支撑的经济体系和发展模式，加快建成创新驱动发展先行省，推动实现"三个定位、两个率先"的目标（广东省人民政府，2016）。目前，珠三角正在大力建设国家自主创新示范区，形成"1+1+7"珠三角国家自主创新示范区建设格局，建成国际一流的创新创业中心。广州是珠三角的中心城市，将继续引领珠三角创新发展。由此可见，广州加快建设国际科技创新枢纽和国家创新中心城市是保证珠三角国家自主创新示范区和全面创新改革试验核心区战略顺利实施的现实需要（广州市人民政府，2016；佚名，2015；王洋等，2017）。

（五）是广州保持国家中心城市地位，承担国家门户城市职能的必然选择

全国城镇体系规划不仅将广州定位为国家中心城市，甚至提出建设全球城市的目标。国家"十三五"规划纲要中，广州被首次明确定位为全国三大国际性综合交通枢纽之一，表明了国家对广州这一国家重要中心城市建设发展的高度重视，有利于广州加快推进"三大战略枢纽"及综合交通枢纽的全面布局建设。广州正围绕提升国家重要的中心城市、国际商贸中心和综合交通枢纽功能的目标，落实国际航运、航空和科技创新三大战略枢纽建设等重大部署（佚名，2016）。其中，科技创新是三大战略枢纽的重中之重。因而，广州加快建设国际科技创新枢纽和国家创新中心城市，打造国际产业创新中心是广州保持国家中心城市地位，承担国家门户城市职能的必然选择，也是广州提升城市科技创新能力，实现创新驱动发展的重要举措。

第二节　广州在国际国内创新中心城市中的地位

一、广州在全球创新城市的排名地位

（一）广州在全球城市中的地位

GaWC 的世界城市评价体系包括银行、保险、法律、咨询管理、广告和会计六大"高级生产者"服务业机构。GaWC 将世界城市分为四个大的等级——Alpha（一线城市）、Beta（二线城市）、Gamma（三线城市）和Sufficiency（自给自足城市，也可以理解为四线城市），而每个大的等级中又区分出多个带加减号的次等级。根据 GaWC 的世界城市评价体系结果（http：//www.199it.com/archives/683705.html），2018 年，香港、广州和深圳入围世界一线城市，其中，广州在全球排名 27 位，为 Alpha 级。可见，广州是具有国际影响力的全球城市之一（表 4-1）。

表 4-1　2018 年 GaWC 的世界城市评价结果

等级	城市（国家/地区）
Alpah++（特级）	纽约（美国）伦敦（英国）
Alpah+（一线强）	新加坡（新加坡）、香港（中国）、巴黎（法国）、北京（中国）、东京（日本）、迪拜（阿联酋）、上海（中国）
Alpha（一线）	悉尼（澳大利亚）、圣保罗（巴西）、米兰（意大利）、芝加哥（芝加哥）、墨西哥城（墨西哥）、孟买（印度）、莫斯科（俄罗斯）、法兰克福（德国）、马德里（西班牙）、华沙（波兰）、约翰内斯堡（南非）、多伦多（加拿大）、首尔（韩国）、伊斯坦布尔（土耳其）、吉隆坡（马来西亚）、雅加达（印尼）、阿姆斯特丹（荷兰）、布鲁塞尔（比利时）、洛杉矶（美国）
Alpah-（一线弱）	都柏林（爱尔兰）、墨尔本（澳大利亚）、华盛顿（美国）、新德里（印度）、曼谷（泰国）、苏黎世（瑞士）、维也纳（奥地利）、台北（中国）、布宜诺斯艾利斯（阿根廷）、斯德哥尔摩（瑞典）、旧金山（美国）、广州（中国）、马尼拉（菲律宾）、波哥大（哥伦比亚）、卢森堡、利雅得（沙特）、圣地亚哥（智利）、巴塞罗那（西班牙）、特拉维夫（以色列）、里斯本（葡萄牙）
Beta+（二线强）	布拉格（捷克）、胡志明市（越南）、波士顿（美国）、哥本哈根（丹麦）、杜塞尔多夫（德国）、雅典（希腊）、慕尼黑（德国）、亚特兰大（美国）、布加勒斯特（罗马尼亚）、赫尔辛基（芬兰）、布达佩斯（匈牙利）、基辅（乌克兰）、汉堡（德国）、班加罗尔（印度）、罗马（意大利）、奥斯陆（挪威）、达拉斯（美国）、开罗（埃及）、休斯敦（美国）、利马（秘鲁）、拉各斯（尼日利亚）、加拉加斯（委内瑞拉）、奥克兰（新西兰）、开普敦（南非）

续表

等级	城市（国家/地区）
Beta（二线）	多哈（卡塔尔）、卡拉奇（巴基斯坦）、尼科西亚（塞浦路斯）、日内瓦（瑞士）、蒙得维的亚（乌拉圭）、柏林（德国）、蒙特利尔（加拿大）、阿布扎比（阿联酋）、卡萨布兰卡（摩洛哥）、费城（美国）、温哥华（加拿大）、深圳（中国）、索菲亚（保加利亚）、珀斯（澳大利亚）、河内（越南）、贝鲁特（黎巴嫩）、布里斯班（澳大利亚）、布拉迪斯拉发（斯洛伐克）、麦纳麦（巴林）
Beta-（二线弱）	路易港（毛里求斯）、明尼阿波利斯（美国）、钦奈（印度）、斯图加特（德国）、圣多明各（多米尼加）、里约热内卢（巴西）、科威特城（科威特）、成都（中国）、巴拿马城（巴拿马）、丹佛（美国）、拉合尔（巴基斯坦）、吉达（沙特）、突尼斯（突尼斯）、基多（厄瓜多尔）、贝尔格莱德（塞尔维亚）、西雅图（美国）、曼彻斯特（英国）、危地马拉城（危地马拉）、里昂（法国）、圣何塞（美国）、天津（中国）、卡尔加里（加拿大）、安曼（约旦）、圣胡安（波多黎各）、圣萨尔瓦多（萨尔瓦多）、安特卫普（比利时）、萨格勒布（克罗地亚）、加尔各答（印度）、塔林（爱沙尼亚）、圣路易斯（美国）、蒙特雷（墨西哥）、海得拉巴（印度）、爱丁堡（英国）、圣迭戈（美国）、科隆（德国）、鹿特丹（荷兰）、达卡（孟加拉国）、伊斯兰堡（巴基斯坦）
Gamma+（三线强）	瓜亚基尔（厄瓜多尔）、克利夫兰（美国）、里加（拉脱维亚）、巴库（阿塞拜疆）、阿德莱德（澳大利亚）、维尔纽斯（立陶宛）、伯明翰（英国）、格拉斯哥（英国）、南京（中国）、杭州（中国）、科伦坡（斯里兰卡）、波尔图（葡萄牙）、青岛（中国）、瓦伦西亚（西班牙）、底特律（美国）、马斯喀特（阿曼）、大阪（日本）、卢布尔雅那（斯洛文尼亚）、堪培拉（澳大利亚）、乔治敦（开曼群岛）、马那瓜（尼加拉瓜）、德班（南非）、圣何塞（哥斯达黎加）、圣彼得堡（俄罗斯）
Gamma（三线）	菲尼克斯（美国）、特古西加尔巴（洪都拉斯）、奥斯汀（美国）、浦那（印度）、瓜达拉哈拉（墨西哥）、大连（中国）、第比利斯（格鲁吉亚）、达累斯萨拉姆（坦桑尼亚）、重庆（中国）、安卡拉（土耳其）、卢萨卡（赞比亚）、艾哈迈哈巴德（印度）、辛辛那提（美国）、亚松森（巴拉圭）、哈拉雷（津巴布韦）、哥德堡（瑞典）、厦门（中国）、摩苏尔（伊拉克）、堪萨斯城（美国）、阿克拉（加纳）、明斯克（白俄罗斯）、坦帕（美国）、都灵（意大利）、罗安达（安哥拉）、阿比让（科特迪瓦）、地拉那（阿尔巴尼亚）、洛桑（瑞士）、利兹（英国）
Gamma-（三线弱）	台中（中国）、夏洛特（美国）、巴尔的摩（美国）、罗利（美国）、贝尔法斯特（英国）、莱比锡（德国）、麦德林（哥伦比亚）、武汉（中国）、杜阿拉（喀麦隆）、马普托（莫桑比克）、斯科普里（马其顿）、哈博罗内（博茨瓦纳）、布里斯托尔（英国）、奥兰多（美国）、达喀尔（塞内加尔）、苏州（中国）、马尔默（瑞典）、埃德蒙顿（加拿大）、长沙（中国）、斯特拉斯堡（法国）、毕尔巴鄂（西班牙）、博洛尼亚（意大利）、哥伦布（美国）、惠灵顿（新西兰）、纽伦堡（德国）、仰光（缅甸）、西安（中国）、弗罗茨瓦夫（波兰）、马赛（法国）、德累斯顿（德国）、沈阳（中国）、匹兹堡（美国）

资料来源：根据 http://www.199it.com/archives/683705.html 的资料整理而成

（二）广州在全球城市竞争力中的地位

根据《全球城市竞争力报告（2017—2018年）——房价：改变城市世界的力量》（倪鹏飞等，2017）显示，在经济竞争力上，广州位列全球第15位，在可持续竞争力方面，广州位列全球第36位（表4-2），显示出广州在全球城市中的重要地位和作用。

表4-2 广州在全球城市竞争力中的排名（2017—2018）

城市	城市等级	国家/地区	经济竞争力	经济竞争力排名	可持续竞争力	可持续竞争力排名
纽约	A+	美国	1	1	1	1
洛杉矶	A	美国	0.9992	2	0.6519	16
新加坡	A	新加坡	0.9708	3	0.7082	5
伦敦	A+	英国	0.9578	4	0.8756	2
旧金山	A	美国	0.9408	5	0.6554	14
深圳	B	中国	0.9337	6	0.5761	35
东京	A-	日本	0.9205	7	0.7371	3
圣何塞	A	美国	0.9158	8	0.6342	22
慕尼黑	B+	德国	0.9053	9	0.6402	18
达拉斯	A-	美国	0.9026	10	0.5805	32
休斯敦	A-	美国	0.9000	11	0.6792	8
香港	A	中国	0.8873	12	0.6581	13
首尔	A-	韩国	0.8478	13	0.7023	7
上海	A-	中国	0.8367	14	0.6110	27
广州	B+	中国	0.8346	15	0.5746	36

数据来源：倪鹏飞，马尔科·卡米亚，王海波等编著《全球城市竞争力报告（2017—2018）——房价：改变城市世界的力量》．联合国人居署、中国社会科学院财经战略研究院、中国社会科学院城市与竞争力研究中心联合发布，2017

（三）广州在全球城市创新综合能力的排名

"2thinknow"评价指数指标体系包括文化资产、人力资本和市场网络三大方面共162项指标。根据国际著名创新城市研究机构2thinknow对全球城市创新综合能力的综合评估结果（https://www.innovation-cities.com/），粤港澳大湾区城市群共有8个城市入选2018全球创新城市500强，分别是香港（排名27）、深圳（排名55）、广州（排名113）、澳门（排

名308)、东莞(排名310)、珠海(排名348)、佛山(排名394)和中山(排名412)。可见,广州在全球的创新能力处于中上游,但城市创新指数低于香港和深圳,仍有待进一步加强。

表4-3 广州在全球城市创新综合能力的排名(2018年)

排名	城市名	排名	城市名
1	东京	9	巴黎
2	伦敦	10	悉尼
3	旧金山-圣何塞	27	香港
4	纽约	35	上海
5	洛杉矶	37	北京
6	新加坡	55	深圳
7	波士顿	113	广州
8	多伦多	308	澳门

二、广州在中国创新城市建设中的地位

(一)广州在中国城市创新指数中的排名

广东省社会科学院与南方日报共同发布了《中国城市创新指数》(https://www.ixian.cn/thread-870381-1-6.html)。《中国城市创新指数》由广东省社科院课题组研究和编制,对我国经济百强城市的创新能力进行了评测,最终得到了60个城市的有效数据。课题通过数据分析,结合三链融合理念,找出衡量城市创新的三个关键维度即发展基础、科技研发和产业化,并筛选出8个指标,从创新角度反映了中国城市群的空间格局和发展潜力。根据该指数排名,广州的创新指数位于全国第七位。深圳以820分获得第一位,北京以806分的微弱差距紧随其后,上海以544分排名第三,苏州、杭州、西安、广州、珠海、无锡和宁波分别位居第四到第十名(广东省社会科学院和南方日报,2018)。

(二)广州在中国城市科技创新能力的排名

首都科技发展战略研究院在北京发布了《中国城市科技创新发展报

告2017》（由首都科技发展战略研究院、北京师范大学创新发展研究院、西华大学创新创业学院联合组成的课题组完成）（http://www.cistds.org/content/details28_706.html），课题组根据2017年中国城市科技创新发展指数指标体系，对中国287个地级及以上城市的科技创新发展情况进行了研究并进行了排名比较。根据报告，中国城市科技创新发展指数排名前十位的城市依次是：北京、深圳、上海、广州、东莞、天津、武汉、杭州、南京、苏州。由此可见，广州在中国城市科技创新发展中的排名和地位较高，但低于同处于广深科技创新走廊的深圳（首都科技发展战略研究院，2017）。

表4-4 中国城市科技创新发展指数及排名（前10位）

指标	科技创新发展指数		一级指标							
			创新资源		创新环境		创新服务		创新绩效	
城市	指数	排名	指数	排名	指数	排名	指数	排名	指数	排名
北京	0.587	1	0.603	2	0.344	10	0.546	2	0.689	1
深圳	0.587	2	0.414	25	0.698	1	0.621	1	0.582	3
上海	0.499	3	0.466	17	0.338	11	0.313	4	0.623	2
广州	0.464	4	0.602	3	0.390	5	0.263	6	0.511	4
东莞	0.452	5	0.465	18	0.611	2	0.416	3	0.396	24
天津	0.416	6	0.469	15	0.316	23	0.253	10	0.486	5
武汉	0.405	7	0.508	9	0.315	24	0.207	18	0.466	6
杭州	0.391	8	0.488	11	0.322	18	0.175	31	0.450	8
南京	0.390	9	0.609	1	0.277	49	0.144	59	0.441	10
苏州	0.384	10	0.315	55	0.359	8	0.255	8	0.448	9

表格数据来源：http://www.cistds.org/content/details28_706.html

（三）广州在中国城市硬科技发展水平中的地位

中国科协创新战略研究院和清科研究中心发布的《2017年中国城市硬科技发展指数报告》通过选取包含直辖市、计划单列市、副省级省会城市、省会城市以及重要经济城市等在内的24个观察城市，从硬科技领域的发展资源基础、科技产业化潜力、科技产出及应用水平和市场及投资热度四个维度进行指标体系设计，用以综合衡量、客观评价中国城市的硬科技发展状况（见图4-1）。根据该报告，广州的中国城市硬科技发展潜力排名全国第三,仅次于北京和上海(中国科协创新战略研究院和清科研究中心,2017)。

图 4-1 中国主要城市硬科技发展水平排名

图片来源:中国科协创新战略研究院,清科研究中心. 2017 年中国城市硬科技发展指数报告. 2017

(四)广州在中国城市产业创新力的排名

第一财经研究院与复旦大学联合发布了 2017 年《中国城市和产业创新力报告》(http://top.askci.com/news/20180104/135851115333.shtml)。从大类产业角度来分析中国的产业创新力指数分布表明,在 2001—2016 年,中国的专利创新主要集中于制造业,其创新力指数占所行业的比例高达 87%~95%。近年来,信息传输、软件和信息技术服务业的创新力指数占比正在持续上升,从 2001 年的 0.3% 上升到 4.9%,提高了 4.6 个百分点。但总的来说,中国的创新行为主要集中于制造业。结果表明,广州的产业创新指数为179.66，在全国排名第七，低于北京、深圳、上海、苏州、杭州、南京（第一财经研究院和复旦大学，2017）。

表4-5　中国城市产业创新力指数前10位排名

排名	城市	创新指数	排名	城市	创新指数
1	北京市	1061.97	6	南京市	200.63
2	深圳市	694.05	7	广州市	179.66
3	上海市	541.33	8	成都市	152.15
4	苏州市	219.39	9	武汉市	144.60
5	杭州市	219.19	10	西安市	141.48

数据来源：《2017年中国城市和产业创新力报告》（http：//top.askci.com/news/20180104/135851115333.shtml）

（五）广州在中国城市创新技术转移集散能力的排名

根据段德忠（2018）等学者的研究成果，以国家知识产权局专利检索及分析平台中历年专利转让记录为数据源，从集聚和扩散两个方面构建城市创新技术转移能力评价指标体系及评估模型，研究2001—2015年中国城市技术转移的综合得分。结果表明，2011—2015年，广州市城市创新技术转移集散能力在全国排名第七，虽然排名依然靠前，但低于北京、上海、深圳、天津、宁波、杭州。

表4-6　中国城市创新技术转移集散能力的排名（2011—2015年）（前15位）

排名	城市	评分	排名	城市	评分	排名	城市	评分
1	北京市	1.000	6	杭州市	0.459	11	石家庄市	0.394
2	上海市	0.757	7	广州市	0.455	12	济南市	0.383
3	深圳市	0.719	8	苏州市	0.424	13	佛山市	0.378
4	天津市	0.513	9	南京市	0.420	14	绍兴市	0.378
5	宁波市	0.502	10	成都市	0.394	15	金华市	0.376

数据来源：段德忠，杜德斌，谌颖等．中国城市创新技术转移格局与影响因素[J]．地理学报，2018，73（4）：738-754

三、广州与国内著名创新城市的对标研究

根据方创琳等（2013）编制的《中国创新型城市发展报告》中对中国

创新中心城市建设的理论与战略：基于广州的实证研究

所有地级以上城市综合创新指数的分析结果，本项目拟选择排名前列的北京、深圳、上海和杭州四个城市，分析其各自优势及其主要发展指标，将广州与上述四个先进城市进行对标研究（见表4-7），找出差距，弥补不足。

表4-7 广州与国内创新中心城市的对标研究

城市	对标领域
北京	"高精尖"经济结构、基础研究人才、科技城建设、一流高等学校和科研院所、智库、企业总部
上海	国际科技创新创业资源、企业技术创新能力、科技创新产出能力、国际化环境
深圳	孵化器、创新平台、风险投资服务、创新文化、国际技术合作、国际化创新环境
杭州	互联网经济创新、民营经济创新、信息产业创新、政策环境

（一）对标北京

北京在"高精尖"经济结构、基础研究人才、科技城建设、一流高等学校和科研院所、智库以及企业总部等方面的优势相对突出，值得广州借鉴和对标。在"高精尖"经济结构方面，北京的高技术产业、信息产业和文化创意产业的增加值占GDP的比重都相对较高。2017年北京市高技术产业增加值为6387.3亿元，占GDP的比重为22.8%。信息产业实现增加值4186.9亿元，占GDP的比重为15.0%。文化创意产业实现增加值3908.8亿元，占地区GDP的比重为14.0%（北京市统计局和国家统计局北京调查总队，2018）。在基础研究人才方面，截至2017年6月，北京地区人才资源总量为651万人，其中"两院"院士756人。[①]2017年北京市研究与试验发展（R&D）活动人员38.8万人。在科技城建设方面，北京的科技园区、科学城等创新空间载体数量多，创新能力强，产值高。中关村国家自主创新示范区是其中的典型代表。该示范区是中国高科技产业中心、中国第一个国家级高新技术产业开发区、第一个国家自主创新示范区、第一个国家级人才特区，也是我国体制机制创新的试验田[②]，其2016年排名位列

---

① http://www.sohu.com/a/149420117_114727
② https://baike.so.com/doc/6698295-6912209.html

第四章　广州建设创新中心城市的背景与基础条件

全国高新区第一位（广东省委省政府，2017）。该示范区由 16 个园区构成，遍及全市大多数区，面积达 488 平方千米。[①]2017 年中关村国家自主创新示范区规模（限额）以上高新技术企业实现总收入 51 157.9 亿元，增长 11.1%，其中实现技术收入 8327.7 亿元（北京市统计局和国家统计局北京调查总队，2018）。在高等教育、研究机构和智库方面，北京大学、清华大学、中国科学院大学等著名院校坐落于此，2016 年北京市共有 66 所本科高校，其中有一流大学建设高校 8 所，一流学科 162 个（广东省委省政府，2017）；北京拥有国家重点实验室 116 家，国家工程研究中心 65 家（广东省委省政府，2017）；根据《中国智库索引来源智库名单（2017—2018）》[②]，北京集聚了大量国家级智库，智库数量在全国排名第一；2016 年，北京总部企业数量为 4007 家，其中有 58 家总部企业进入世界 500 强榜单，位居世界城市之首[③]。广州在上述领域与北京仍存在较大差距，因此，广州应进一步在创新人才、创新机构和创新空间载体方面与北京对标。

（二）对标上海

上海在国际科技创新创业资源、科技创新产出能力和国际化环境等方面优势相对突出，值得广州借鉴和对标。在国际科技创新创业资源方面，上海的知识、技术和资本等各类创新要素集聚，并集中了大批全球高端人才，是亚太地区获取全球性创新资源、赢得全球性发展机遇最便捷的城市之一和全球创新网络的关键节点之一（上海市人民政府，2016）。截至 2017 年底，上海外资研发中心累计已经达到 426 家，其中，40 家为全球研发中心，17 家为亚太区研发中心，在上海的外资研发中心以占内地总数四分之一的规模，居全国首位[④]；科技创新产出能力方面，根据《2017 上海科技进步报告》（周波等，2017）的数据显示，2017 年 1—11 月，上海

---

① https://baike.so.com/doc/6698295-6912209.html
② http://www.gsass.net.cn/xinwenzhongxin/keyandongtai/2017-04-25/780.html
③ http://bj.people.com.cn/n2/2017/0320/c82839-29879065.html
④ http://sh.sina.com.cn/news/zw/2018-02-11/detail-ifyrkuxt3035352.shtml

创新中心城市建设的理论与战略：基于广州的实证研究

高技术产业产值占工业总产值比重为 21.1%，高技术产品出口占出口商品比重为 43.3%，发明专利授权量 18 545 件，重大科技成果（2016 年度）为 21 203 项，显示了较高的科技创新产出能力与产出水平；在国际化环境方面，根据《2017 中国区域国际人才竞争力报告》（全球化智库和西南财经大学发展研究院，2017）显示，上海在国际人才竞争力指数、国际人才规模指数和国际人才发展指数等方面，均位居内地各省市之首。截至 2017 年 8 月底，外商在上海累计设立跨国公司地区总部和总部型机构达 610 家，其中亚太区总部 67 家，外资研发中心达到 416 家。根据上海市公安局出入境管理局的数据（2017 年）显示，目前每年在上海办理各类出入境证件的外国人数量在 23 万左右，其中常住 6 个月以上的人员为 17 万左右，在上海工作的外国人约在 9 万至 10 万之间①，表明上海在国际化环境方面具有显著优势。广州与上海在上述领域仍有差距，需要进一步增强和完善。

（三）对标深圳

深圳在孵化器、创新平台、风险投资服务、创新文化和国际化创新环境等方面的优势相对突出，值得广州借鉴和对标。在企业孵化器方面，根据深圳市科技创新委员会网站②显示，截至 2016 年，深圳有孵化器 116 家，其中国家级孵化器 15 家；在创新平台方面，2016 年深圳拥有公共技术服务平台 145 个，技术中心 237 个。深圳拥有国家级高新技术企业 8037 家，占全国 8%（深圳市人民政府，2017）；在风险投资服务方面，根据广东省社会科学院联合南方报业传媒集团共同发布的《广东风险投资报告（2016）》显示，深圳市在广东省风险投资方面独占鳌头，在早期投资和创业投资两个市场均优势明显。以 2016 年为例，深圳早期投资的募集金额和投资金额分别占全省的 93.9% 和 66.5%，创业投资的

---

① http://baijiahao.baidu.com/s?id=1580950547065875395&wfr=spider&for=pc
② http://www.szsti.gov.cn/kjfw/cxzt/szscxztmd/

投资案例和投资金额分别占全省的 64.7% 和 66.0%[①],与深圳相比,广州风险投资方面有较大差距;在创新文化方面,创新是深圳最鲜明的城市文化,深圳鼓励创新创业,形成了良好的创新文化环境和氛围;在国际化创新环境方面,深圳紧邻香港,其市场化、国际化和法制化程度高。前海蛇口自贸片区在扩大投资开放、金融制度创新和法治环境改善等领域的改革领先全国,部分领域已接近国际自由贸易水平(深圳市人民政府,2017)。深圳 2017 年 PCT 国际专利申请量突破 2 万件,占全国四成以上,连续 14 年位居全国大中城市第一[②]。在上述领域值得广州进一步学习深圳、对标深圳。

(四)对标杭州

杭州在互联网经济创新、民营经济创新、信息产业创新和政策环境等方面优势相对突出,值得广州借鉴和对标。在互联网经济创新方面,2018 年上半年,杭州市信息经济实现增加值 1592 亿元,占 GDP 比重为 25.0%[③],互联网产业占经济总量如此之高的比重体现出杭州在互联网经济创新中的巨大优势,以阿里巴巴为代表的互联网企业成为杭州经济的名片之一。在民营经济创新方面,杭州是全国闻名的民营经济强市,无论是传统制造业,还是互联网高科技企业,在杭州都能扎根。2017 年杭州市民营经济实现增加值 7561 亿元,占 GDP 的 60.2%,当年民间投资占固定资产投资比重高达 56.4%。民间投资已经成为杭州投资增长新亮点,呈现出国有投资向民间投资转移的态势[④]。在信息产业创新方面,杭州信息经济发达并快速增长,2016 年实现增加值 2688 亿元,对 GDP 增长贡献率超过 50%。电子商务、移动互联网、数字内容、软件与信息服务以及云计算与大数据领航产业发展,阿里巴巴的云计算、网络设备供应商华三通信和智

---

① http://www.cnr.cn/gd/gdkx/20170418/t20170418_523712358.shtml
② http://sz.people.com.cn/n2/2018/1120/c202846-32308384.html
③ https://baijiahao.baidu.com/s?id=1606857945653115731&wfr=spider&for=pc
④ http://zj.qq.com/a/20181108/010531.htm

慧安防的海康威视等一批信息产业领域的顶尖企业涌现。信息产业助推杭州经济转型走上良性循环。2016年，杭州建成国家级众创空间35家、孵化器30家，居副省级城市首位，未来科技城和阿里巴巴入选国家首批"双创示范基地"。以梦想小镇、云栖小镇等为代表的特色小镇，与孵化器等各类创新创业载体一起，形成杭州从众创到孵化的创新生态链①。在政策环境方面，杭州先后实施行政审批制度、行政管理体制、要素市场化配置和商事制度等系列改革，为转型升级提供体制机制保障。2015年，杭州出台高层次人才、创新创业人才及团队引进培养政策，凡是符合条件的人才，都能享受户籍、住房、医疗和社保等优惠政策和资助，在创新资金投入方面，杭州高新区（滨江）每年研发投入占GDP比重平均达到13%至15%，列全国高新区前茅。广州在上述领域需要进一步学习杭州、对标杭州。

（五）广州与北京、上海、深圳、杭州的主要创新指标比较

根据"2thinknow"的全球城市创新综合能力排名②、《城市为创新而生 | 2017中国城市创新力排行榜》③、《中国城市创新指数》④、《中国城市科技创新发展报告2017》⑤、《2017年中国城市和产业创新力报告》⑥和《中国城市创新技术转移格局与影响因素》的研究成果，综合整理出广州、北京、上海、深圳和杭州在全球城市创新综合能力排名、中国城市创新力指数、中国城市创新综合指数、中国城市科技创新发展指数、中国城市创新发展基础指数、中国城市创新科技研发指数、中国城市创新产业化指数、中国城市科技创新资源指数、中国城市科技创新环境指数、中国城市科技创新服务指数、中国城市科技创新绩效指数、中国城市产业创新力指数、中国

---

① http://politics.people.com.cn/n1/2017/0507/c1001-29258750.html
② https://www.innovation-cities.com/
③ https://zhuanlan.zhihu.com/p/24795256?refer=therisinglab
④ https://www.ixian.cn/thread-870381-1-6.html
⑤ http://www.cistds.org/content/details28_706.html
⑥ http://top.askci.com/news/20180104/135851115333.shtml

城市创新力热钱指数、中国城市创新力独角兽指数以及中国城市创新技术转移集散能力得分（表4-8）。通过各类指数的对比可知，广州在绝大多数指数得分仍与北京、上海、深圳存在差距；在中国城市创新综合指数、中国城市创新科技研发指数、中国城市创新产业化指数、中国城市产业创新力指数、中国城市创新力热钱指数、中国城市创新力独角兽指数和中国城市创新技术转移集散能力得分等方面也落后于杭州。

表4-8 广州与北京、上海、深圳、杭州主要创新指数的比较

指数类别	广州	北京	上海	深圳	杭州	数据来源
全球城市创新综合能力排名	113	37	35	55	299	"2thinknow"（2018年）
中国城市创新力指数	75	100	89	90	73	城市为创新而生丨2017中国城市创新力排行榜
中国城市创新综合指数	468	806	544	820	534	中国城市创新指数（2016年）
中国城市科技创新发展指数	0.464	0.587	0.499	0.587	0.391	中国城市科技创新发展报告2017
中国城市创新发展基础指数	182	171	193	194	119	中国城市创新指数（2016年）
中国城市创新科技研发指数	131	274	162	220	174	中国城市创新指数（2016年）
中国城市创新产业化指数	155	361	189	405	242	中国城市创新指数（2016年）
中国城市科技创新资源指数	0.602	0.603	0.466	0.414	0.488	中国城市科技创新发展报告
中国城市科技创新环境指数	0.390	0.344	0.338	0.698	0.322	中国城市科技创新发展报告
中国城市科技创新服务指数	0.263	0.546	0.313	0.621	0.175	中国城市科技创新发展报告
中国城市科技创新绩效指数	0.511	0.689	0.623	0.582	0.450	中国城市科技创新发展报告
中国城市产业创新力指数	179.66	1061.97	541.33	694.05	219.19	2017年中国城市和产业创新力报告
中国城市创新力热钱指数	71.45	100.00	90.01	80.06	74.74	城市为创新而生丨2017中国城市创新力排行榜
中国城市创新力独角兽指数	51.16	100.00	80.78	85.18	53.78	城市为创新而生丨2017中国城市创新力排行榜
中国城市创新技术转移集散能力	0.455	1.000	0.757	0.719	0.459	中国城市创新技术转移格局与影响因素（2011—2015年）

创新中心城市建设的理论与战略：基于广州的实证研究

通过对比广州与北京、上海、深圳、杭州在发明专利授权量、国家级众创空间数量、国家级科技孵化器数量、本科学校数量和独角兽企业数量等主要创新要素指标（表4-9）可知，广州在发明专利授权量、国家级众创空间数量、国家级科技孵化器数量相对落后，并且与北京和上海存在很大差距；广州的独角兽企业数量仅3家远远落后于其他4个城市；在本科院校数量方面落后于北京，略少于上海。

表4-9 广州与北京、上海、深圳、杭州主要创新要素指标的比较

指标类别	广州	北京	上海	深圳	杭州	数据年份
发明专利授权量（件）	9 345	46 000	20 681	18 928	9 872	2017年
国家级众创空间数量（个）	53	168	82	91	55	2017年
国家级科技孵化器数量（个）	26	55	48	22	32	2017年
本科学校数量（所）	36	66	38	4	27	2016年，深圳为2018年数据
独角兽企业数量（个）	3	65	26	14	26	2017年数据，北京、上海为2016年数据

数据来源：发明专利授权量、国家级众创空间数量、科技孵化器数量来源于《2018中国城市创新创业活力榜》①；其他数据分别来源于《广深科技创新走廊规划》（广东省委省政府，2017）、浙江省科学技术厅官网②。

（六）对广州的启示

通过对标研究，对广州的启示在于：借鉴和对标国内外先进城市经验，突出自身特色，发挥自身优势，弥补自身短板，找准自身定位，树立正确目标，明确创新战略，探索出适合广州自身的创新发展路径。广州应进一步搭建创新创业平台，健全创新法律法规体系，树立创新文化氛围，推进产学研合作，打造创新产业集群，提高创新服务能力，加大科技研发投入，增强金融与税收支持，实现广州创新驱动发展的战略目标。

---

① http: //sh.qihoo.com/pc/96aec433b65911dba?sign=360_e39369d1
② http: //www.zjkjt.gov.cn/html/node06/list3_1.jsp?lmbh=0632&lmms=0632&xh=47849&curM=f20

第四章 广州建设创新中心城市的背景与基础条件

第三节 广州建设创新中心城市的基础条件与优劣势

一、广州建设创新中心城市的基础条件

（一）创新基础支撑条件

广州在城市发展阶段、经济发展水平、区位特点、对外联系条件和公共服务能力等方面具备建设成为创新中心城市的基础条件。2017年，广州的常住人口城市化率达86.14%，进入城市发展的成熟阶段；从创新发展阶段看，广州处于资本型城市向创新型城市迈进的发展阶段；2017年，广州市GDP总量为21 503.15亿元，处于全国城市第四位；广州的区位优势突出，是中国南方的中心城市之一，也是珠三角的中心城市，同时也是中国对外的窗口和"南大门"，是"一带一路"倡议中"海上丝绸之路"的枢纽城市之一；对外联系方面，广州是国家的综合交通枢纽，白云机场是复合型门户枢纽机场和国家三大机场之一，广州铁路网络发达，高铁联通多个方向；在公共服务能力方面，广州拥有243家医院，文化站和文化馆180个，公共图书馆14间，档案馆31个，博物馆和纪念馆31个（广州市统计局，2019）。

（二）创新资源支撑条件

创新企业、科研机构、高等教育机构、中介服务机构和创新人才等是广州建设成为创新中心城市的必备资源条件。2017年广州市高新技术企业总数超过8000家，2017年德勤高科技高成长中国50强中，广州有13家企业入选，排名全国第一；科研机构方面，年末全市县级及以上国有研究与开发机构、科技情报和文献机构154个；高等教育方面，广州有83所高校，全年研究生教育招生3.41万人，在校研究生9.07万人，毕业生2.41万人，普通高等教育本专科招生30.93万人，在校生106.73万人，毕业生28.41

万人；当前，广州市科技中介机构有了一定的进展，但仍不能完全满足科技创新的需要，未来应进一步加大科技中介机构的培育和发展；在创新人才方面，在穗院士人数50人，其中中国科学院院士19人和中国工程院院士22人，国外、境外机构获评院士9人（广州市统计局，2019）。

（三）创新平台支撑条件

广州的高新区、开发区、研发平台、科技转化平台、高新产品孵化平台、高技术人才创业平台和科技服务平台等创新平台体系是其建设成为创新中心城市的重要支撑条件。广州拥有国家工程技术研究中心18家，国家级企业技术中心25家，国家重点实验室19家。省级工程技术研究中心共946家，市级企业研发机构2624家。省级重点实验室213家，市级重点实验室156家。国家级、省级大学科技园6个（广州市统计局，2019）。并且拥有国家高新区、国家级开发区和自贸区等平台，以及广州大学城—国际创新城、广州琶洲互联网创新集聚区、广州中新知识城、广州科学城等核心创新空间平台。

（四）创新服务保障条件

广州在知识产权、金融服务、技术咨询服务、科技法律服务和创业服务等方面为广州建设创新中心城市提供了基本服务保障条件。在知识产权方面，广州全年受理专利申请118 332件，其中发明专利36 941件，占申请量的31.2%。专利授权60 201件，其中发明专利授权9 345件。在金融服务方面，广州共有境内上市公司97家，市价总值16 131.35亿元，增长25.1%。上市公司通过证券市场筹集资金1 065.92亿元，其中首次公开发行上市（IPO）19家。证券公司3家，证券分支机构325家，年末全市拥有保险法人机构5家，市场主体102家（广州市统计局，2019）。广州拥有一批技术咨询服务和科技法律服务领域的机构或公司，可为创新活动提供一定的服务支撑。在创新服务方面，广州科技企业孵化器达218家，孵化总面积868万平方米,众创空间累计达139家①。

二、广州建设创新中心城市的优势与机遇

(一)地缘优势条件

广州作为我国对外开放门户城市和参与国际竞争的前沿阵地,具有开拓国际市场、利用国际资源的成功经验,又具有充分利用国际创新技术和理念建设创新中心城市的地缘优势条件。在国家层面,广州是中国与21世纪海上丝绸之路沿线国家和地区交流的重要枢纽城市。在中国南方地区层面,广州是中国南方地区产业网、信息网、交通网和人才网的中心城市之一,自然成为中国与世界"流空间"(信息流、资本流、人流、物流)的交互中心(广州市人民政府,2011)。在华南区域层面,广州是中国华南地区政治、文化和交通中心。在珠三角层面,广州位于珠江三角洲城市群的中心,也是粤港澳大湾区的中心城市之一,是联系内地与港澳创新要素交流的枢纽之一。广州气候宜人,国际化程度高,具有包容的城市传统。广州的城市能级必将持续提升,城市国际竞争力持续增强,在全球城市体系中将扮演越来越重要的角色,这都将有利于广州建成创新中心城市(王洋,2017)。

(二)基础优势条件

广州作为国际重要的商贸城市、国家中心城市、创新型城市和中国南方科技创新中心之一,具备良好的法治化环境、丰富的科教资源和良好的科技创新基础,具备建成国际创新中心的基础优势条件(王洋等,2017)。首先,广州是国家中心城市,具有优越的区位优势,广州获得2015中国城市竞争力排行榜第五名。在《2017年中国城市硬科技发展指

---

① http://www.guojj.com/hangyezixun/detail/id/239947

数报告》（中国科协创新战略研究院和清科研究中心，2017）中，广州在中国城市硬科技发展综合指数排名中位列第三，仅次于北京、上海。广州位于珠江三角洲城市群的中心，是中国华南地区政治、文化和交通中心，同时也是中国南方地区的信息枢纽之一和区域性物流中心。广州白云国际机场是中国三个最大、最繁忙的机场之一。在信息网络方面，广州是中国电信网络的三个枢纽之一，也是中国 Internet 三个核心节点。其次，广州高校众多，科研院所云集。广东省 60% 以上的高等院校和绝大多数科研机构都坐落于此。广州信息化水平较高，互联网普及率显著高于全国平均水平。另外，广州的第三产业比重达到了 68.30%，在全国大城市中仅次于北京。并且，近年来服务业已经成为广州经济持续增长的核心引擎。这为创新发展提供坚实的基础（王洋，2017）。最后，广州拥有良好的法治化营商环境。据 2015 中国法治政府评估报告，广州以 772.58 分排名第二（中国政法大学法治政府研究院，2015）。这种优良的法治化环境有利于广州创新中心城市的建设。

（三）外部环境机遇

全球化、全球创新网络、知识经济、中国经济转型升级和创新驱动发展背景下，广州建设创新中心城市具备了外部环境机遇。第一，全球化趋势和全球创新网络的加速形成使得各国对产业关键核心技术的争夺更加激烈和重要。广州作为参与全球化竞争的窗口，具备利用全球资源并进入国际市场的经验。同时，还具备利用和整合全球创新资源的优势条件。而当今的知识经济时代为广州充分利用上述条件，为实现广州跨越式发展提供了历史机遇。这其中，科技创新将扮演越来越重要的角色。第二，中国经济增长速度、发展方式、经济结构和发展动力等方面呈现一系列新的趋势性变化，中国经济已经进入"新常态"。创新驱动将成为新的增长动力（王洋，2017）。未来发展面临的资源环境约束更加紧迫，发展目标由追求 GDP 向经济社会自然和谐发展转变，对生态环境保护更加关注。面对我国经济发展新常态，广州若要实现创新发展，必然离不开科技创新事业大发展的保障。第三，我国创新驱动发展面临难得的历史机遇。新一轮科技革命和与中国加快转变经济发展方式同时出现，为实施创新驱动发展战略提供了难得的重大机遇（王洋，2017）。中国已经进入"四化同步"和"创新驱动"发展的关键期，这为广州创新驱动提供了广阔的发展空间（王洋，2017）。同时，也为广州在科技创新领域追赶国内外先进城市，实现跨越发展提供了机遇与可能。在这样创新驱动发展的背景下，创新中心城市建设的重要性越来越突出，必然更加受到重视。

（四）政策发展机遇

珠三角国家自主创新示范区、粤港澳国际科技创新中心等利好政策为广州建设创新中心城市带来了政策发展机遇。在2015年12月国务院下发《关于同意珠三角国家高新区建设国家自主创新示范区的批复》后，广州为加快打造珠三角国家自主创新示范区的核心区，推动广州成为创新驱动发展引领区、自主创新核心区和国际创新要素集聚区，建成具有国际影响力的国家创新中心城市和国际科技创新枢纽，广州在2018年制定出台了《广州市人民政府关于珠三角国家自主创新示范区（广州）先行先试的若干政策意见》（广州市人民政府，2018）。该政策围绕鼓励跨境投融资和研发活动、简化生物材料和特殊物品进出口流程、引进和激励海外高层次人才、创新金融手段促进科技成果转化、支持新型研发机构发展以及打造特色价值园区体系等多个方面提出了具有突破性意义的先行先试政策，并明确了任务分工[①]。上述重大战略的实施及广州具体政策的出台必然将陆续带来一系列有利于广州创新驱动发展的利好政策推动效应，有利于进一步推动广州建设创新中心城市。

（五）产业环境机遇

当前工业4.0、先进制造、大数据、互联网+和文化创意等新兴业态

---

① http://gd.qq.com/a/20180420/033087.htm

对广州建设创新中心城市提供了产业环境机遇。"工业4.0"的生产模式在于"数字化＋个性化",这会显著减少行业之间的界限,同时可能产生新的产业领域。"智能工厂"和"智能生产"是工业4.0的两大主题,而这都离不开科技创新(王洋,2017)。大数据时代的到来正在改变着产品的生产过程和产业特征,甚至会改变竞争本身的性质。在此背景下,信息技术显得越来越重要,而科技创新在其中的重要作用不言而喻。先进制造业是广东省重要的发展方向,其发展离不开吸收传统产业高新技术成果,并更加注重产品的研发设计、检测和服务等全过程。先进制造业相比于传统制造业而言,对企业科技创新的要求更高。文化创意产业的发展离不开创造力和文化要素。将创造与文化作为创新融入企业产品和服务,并营销创新产品创造价值(王洋,2017)。由此可见,在当前我国和广东省对上述产业大力扶持的历史背景下,广州的创新中心城市建设必然将获得重要的产业环境机遇。

三、广州建设创新中心城市存在的不足与挑战

(一)存在的不足

当前广州在资源、环境、土地和人力成本等方面存在瓶颈约束。改革开放以来,尽管广州依靠区位优势和良好政策环境得以快速发展。但随着城市发展阶段的演进,新发展空间不足、资源环境约束、居住和生活成本上升以及产业更新缓慢等问题逐步凸显(王洋,2017)。广州中心城区商业贸易、批发和物流等传统商贸流通性质的用地过多,给创新业态进入中心城区带来了障碍和困难。

目前广州存在着全社会科技创新投入不足、经济科技教育结合不紧密、创新资源密集优势未充分发挥、高层次创新领军人才和国际化创新人才缺乏、企业创新动力和压力不足、创新成果转化效率不高、产业关键核心技术缺乏和社会事业发展相对滞后等问题(广州市人民政府,2011)。这些问题将在一定程度上制约广州建设国际创新中心城市的步伐。在创新发展

方面，广州与国内外先进城市之间依然存在明显差距，尚缺乏具有国际竞争力和影响力的创新引领性企业，产学研结合不充分，重大创新基础设施缺乏，企业创新投入和自主创新能力仍显不足，创新发展的环境仍待优化。在新一轮战略发展中，能否弥补这些不足，加快激发科技创新发展的内生资源与发展潜力（王洋，2017），是广州能否成为国际创新中心的关键。

（二）面临的挑战

当今世界，发达国家不断加强其技术垄断地位，加紧争夺全球人才、技术、资金和信息等创新资源，力图控制产业关键核心技术，对后发国家和地区（如广州）创新发展带来了严峻挑战（佚名，2011）。

与此同时，国内其他同类城市（北京、上海、深圳、杭州等）对广州建设"国际创新中心"形成了竞争性挑战。例如，国务院2016年印发《北京加强全国科技创新中心建设总体方案》，明确了北京加强全国科技创新中心建设的总体思路、发展目标、重点任务和保障措施（张桦和周航，2016），提出了北京全国科技创新中心的定位是全球科技创新引领者、高端经济增长极、创新人才首选地、文化创新先行区和生态建设示范城市；上海提出要建设具有全球影响力的科技创新中心，并确立了上海2050"创新型全球城市"的发展目标；深圳通过深入实施创新驱动发展战略，多项创新指标全国乃至世界领先，被冠以"创新之城"甚至"世界硅洲"等称号，体现出了强大的创新能力；杭州在2011年提出建设国家创新型城市，力图以科技创新为核心，以产业创新为重点，以文化创新为基础，以体制机制创新为动力，推进创新型城市建设目标的全面实现（佚名，2013）。

表4-9 广州建设创新中心城市的SWOT分析

S——优势	W——不足
★国际重要的商贸城市　★国家中心城市 ★创新型城市　★中国南方科技创新中心 ★法治化环境　★科教资源　★科创新基础	☆资源　☆土地　☆人力成本　☆科技创新投入 ☆创新资源发挥☆关键核心技术☆高层次领军人才 ☆企业创新动力和压力　☆国际引领性创新企业 ☆创新成果转化效率　☆产学研结合☆自主创新能力

创新中心城市建设的理论与战略：基于广州的实证研究

续表

O——机遇	T——挑战
◆全球化　◆知识经济时代　◆中国经济转型 ◆创新驱动升级　◆政策环境　◆产业环境	◇发达国家技术垄断　◇全球创新资源的争夺 ◇国内其他同类城市的竞争

第四节　广州创新载体集聚区的空间识别与空间特征

一、广州市创新空间的构成要素与集聚程度判断

（一）广州市创新空间的主要类别构成

根据创新空间的特征和数据的可获得性，本研究选取创新型企业、写字楼、大学院校、科研院所、工业园区和科技园区共6类创新载体构成广州市创新空间的评价要素。其中，创新型企业代表技术创新，大学院校和科研院所主要是知识创新，写字楼是创新服务的主要载体，工业园区是产业创新的主要空间载体，科技园区是科技创新的主要活动场所。上述6类创新点的类别属性数据和空间数据来源于百度地图（http://map.baidu.com/）中的属性和坐标数据，其他相关地理信息数据来源于《广州市城市总体规划（2011—2020年）都市区现状图》，对这些数据采用GIS技术进行空间化处理。

（二）广州市创新空间的空间分布特征与集聚程度的判断方法

利用平均最邻近距离（average nearest neighbor）可计算创新载体点的平均距离，并根据实测的平均最邻近距离值（d_i）与期望平均最邻近距离值（d_e）的比率 R 判定创新载体的空间分布特征是均匀分布、集聚分布还是随机分布。其中，均匀分布表示每个创新载体与其他载体最邻近点距离大致相等；集聚分布表示存在一组或一组以上的创新载体集聚群，每个创新载体与其最近邻的各创新载体距离很小，而另外的很大区域则没有创新载体；随机分布表示其中有些创新载体较为集中，而有些创新载体较分散（王洋等，2016）。

该比率 R 表示为

$$R = d_i/d_e$$

式中，最邻近距离的期望值 d_e 可通过如下公式计算：

$$d_e = \frac{1}{2}\sqrt{N/A}$$

其中，N 为创新载体的数量；A 为广州市域的面积。

当 $R<1$ 时，表示创新载体的点是集聚分布；当 $R>1$ 时，为分散分布；当实测值等于期望值，即 $R=1$ 时，表示创新载体点为随机分布。R 的范围是：$0 \leq R \leq 2.1491$。其标准差 Z 可表示为（Clark and Evans，1954；田光进和沙默泉，2010）

$$Z = \frac{(d_i - d_e)\sqrt{N^2/A}}{0.26136}$$

式中，Z 得分过低（强烈集聚）或过高（强烈分散），显著性 p 值越小，Z 的临界值（双侧）2.58，1.96，1.65 分别对应的 p 值为 0.01，0.05，0.1。当 $p<0.01$ 时，表明创新点具有强烈的集聚（分散）分布；$0.01<p<0.05$ 时，创新点为较强集聚（分散）分布；$0.05<p<0.1$ 时，创新点为一般性集聚（分散）分布；$p>0.1$ 时，显著性较差，创新点为随机分布。

（三）广州市创新空间的总体空间分布与集聚特征

根据上述方法得知广州市 6 类创新载体点数据的集聚程度和分布特征见表 4-10 所示。表中表明，广州市 6 类创新载体的 R 值都小于 1，且 p 值都小于 0.01，说明创新载体总体上都呈现出空间集聚的分布特征。但不同类别创新载体的集聚程度各有不同。其中，大学院校、科研院所和写字楼的空间集聚程度最为强烈，其 R 值都小于 0.3；创新型企业和工业园区呈现较为强烈的空间集聚特征，其 R 值分别为 0.3636 和 0.4274；而科技园区的集聚程度一般，其 R 值达到了 0.7198，且科技园区的平均邻近距离较大，表明广州市科技园区的数量不多，且没有呈现集聚发展的态势。

表 4-10　广州市 6 类创新载体点数据的空间分布与集聚程度特征判断

创新空间载体类别	主要创新方式	平均邻近距离 /m	比率 R	p 值	分布特征
创新型企业	技术创新	428.2605	0.3636	0.0000	较强烈集聚
写字楼	创新服务	254.7541	0.2462	0.0000	强烈集聚
大学院校	知识创新	528.6611	0.2796	0.0000	强烈集聚
科研院所	知识创新	377.0334	0.2691	0.0000	强烈集聚
工业园区	产业创新	758.9482	0.4274	0.0000	较强烈集聚
科技园区	科技创新	4130.3090	0.7198	0.0039	一般集聚

二、广州市创新集聚区的空间识别与空间格局

（一）广州市主要创新空间（创新集聚区）的识别方法

采用核密度估计和统计学方法识别广州市创新集聚区。核密度估计法是现代非参数统计方法的代表，可用于研究空间热点区的探测（Chu et al., 2012），该函数可根据单位网格内创新载体点数据的密度来估计样本点周围的密度并产生一个光滑的表面。在二维空间中，核密度函数的一般形式可表示为（王洋等，2013；王洋等，2016）

$$\lambda(s) = \sum_{l=1}^{n} \frac{1}{\pi r^2} \phi(d_{ls}/r)$$

式中，$\lambda(s)$ 是地点 s 处的核密度估计；r 为带宽，即核密度函数的搜索半径；n 为创新载体点的数量；ϕ 是创新载体点 l 与 s 之间距离 d_{ls} 的权重（王洋等，2016）。

在此基础上，采用统计学标准差的原理进一步确定核密度的阈值范围。由于大样本数据在分布上往往具有正态分布的特征。依据正态分布规律，总数据的 68% 将会集中分布于数据平均值左右的一个标准差范围内，总数据的 95% 将落在数据平均值左右的两个标准差范围内，超过 99% 的数据将会集中分布与数据平均值左右的三个标准差范围内（吴康敏等，

2016）。因而，本研究以三个标准差（3st）为阈值划分依据，从统计学角度来识别创新集聚区具有可行性。

（二）广州市各类创新集聚区的空间识别及其空间格局

采用上述方法，采用 GIS 技术对创新型企业、写字楼、大学院校、科研院所、工业园区和科技园区这 6 类创新载体点数据进行空间分析，得出各自的创新集聚区。总体上，不同类型创新集聚区的空间分布与空间集聚特征各有不同。

广州市的创新型企业集聚区呈现组团式分散分布，主要集中在天河区、越秀区和黄埔区，其他区有零散分布。而写字楼则非常显著地集聚分布在广州市中心城区（越秀区、天河中心区、白云区南部、海珠区西北部、荔湾区东部），体现出服务业向中心城区集聚的特征。

广州市大学院校呈现中心城区组团式集聚和郊区的沿交通干线分散分布相结合的空间特征。在中心城区，越秀区－海珠区北部，天河五山地区和番禺大学城地区呈现大学院校的集聚分布；在近郊区则呈现散点式的分布。科研院所则非常明显地分别集聚分布在越秀区、天河中心区和海珠区北部，形成"三足鼎立"的空间分布格局。

广州市的工业园区明显地集聚分布在白云区南部和广州开发区（天河区与黄埔区交界地带）。海珠区中部和南部，荔湾区南部（芳村地区）也呈现工业园区的空间集聚特征。番禺区的工业园呈现散点式集聚，但分布非常广泛。科技园区的分布相对分散，各区基本都有点式的科技园集聚空间。

第五章 广州建设创新中心城市的总体目标与发展战略

本章以广州为案例,分析了广州建设创新中心城市的总体定位、发展目标、基本原则、发展战略与相关研究进展。广州建设创新中心城市的总体定位与目标是成为全球产业创新策源地、全球技术创新引擎、全球创新服务枢纽和全球科技合作交流中心。广州建设国际科技创新枢纽应遵循的四个基本原则是:坚持自主创新和价值创造、坚持全球视野和开放合作、坚持基础培育和环境建设、坚持重点突破和循序渐进。广州建设国际科技创新枢纽的四大发展战略为:知识创新与应用技术创新体系完善战略、高技术产业化与创新企业孵化和加速提升战略、科技创新基础支撑体系与环境打造战略,以及科技创新交易与服务平台建设战略。

第一节 广州建设创新中心城市的总体定位与目标

一、广州建设创新中心城市的总体定位与总体目标

全面贯彻党的十九大精神,以习近平新时代中国特色社会主义思想为指导,深入贯彻习近平总书记对广东省重要指示批示精神,根据当前国内

第五章 广州建设创新中心城市的总体目标与发展战略

外背景、广州创新发展基础和国内外案例借鉴,广州建设创新中心城市的总体定位与建设目标确定为全球产业创新策源地、全球技术创新引擎、全球创新服务枢纽和全球科技合作交流中心。

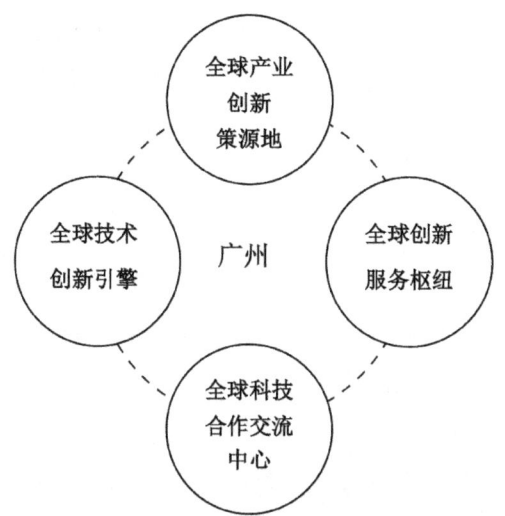

图 5-1 广州建设创新中心城市的总体定位示意图

(一)全球产业创新策源地

创新策源地往往以创新驱动为根本,进而提升创新能力。产业创新是创新驱动发展的重要组成部分,也符合广州创新发展的实际。产业创新策源地往往以产业创新驱动为根本,进而提升创新能力。产业创新策源地是产业自主创新和产业原始创新的主要发源地。产业创新策源地的打造与广州建设创新中心城市的发展战略相辅相成,是推动国家创新中心城市建设的源泉。广州应进一步发展高端创新型产业,开发新的产业业态,提升原有优势产业的创新能力和附加值,发展创新服务型产业,推动广州的优势产业和新兴产业进入全球生产网络的上端,进一步提升广州各类产业的原始科技创新能力和自主创新能力。

(二)全球技术创新引擎

技术创新指依托目前的知识和技术对现有产品、工艺和服务方式进行

创新中心城市建设的理论与战略：基于广州的实证研究

改进或创造新的产品，并产生一定的效果，包括新产品和新工艺、原有产品和工艺的创新技术应用等。技术创新是科学技术和经济一体化融合的过程，重大的技术创新可以引导社会经济系统发生转变。一般来说，新的产品，必须依托技术创新才能实现，而技术创新可能创新出全新产品，也可能降低成本、改善工艺、提高效率和节约资源。技术创新是企业成长和城市发展的动力来源。因而在全球层面，打造技术创新引擎是广州创新中心城市建设的重要切入点。广州作为国家中心城市，应加大国家重大科技基础设施的建设，提高产业技术创新的能力，推动和引导先进前沿技术的创新，大力发展高新技术产业和现代服务业，同时实施国际科技创新合作，主动融入全球创新网络（李伟，2013）。建立合作交流机制和国际创新合作平台，引进高水平的创新研发机构和先进技术成果，聚集精英人才、领先技术和金融资本的高端要素资源，实现产学研深度融合，最终完善广州市的自主创新体系，将其打造成为全球技术创新引擎，推进广州国际创新枢纽城市的建设。广州推进全球技术创新引擎战略将进一步促进科学技术和社会经济发展的融合，推动广州社会经济系统的转型。将广州定位为全球技术创新引擎，可以进一步提升广州市在全球生产网络中的主导地位，增强广州的全球影响力。

（三）全球创新服务枢纽

创新活动离不开其完整的创新服务体系。创新服务的主要功能是开展技术创新、成果应用、人才培养和教育等活动，为自主创新提供服务支撑。创新服务行业是联系企业创新与专业化服务机构的桥梁和纽带，打造全球创新服务中心是广州建设国际创新枢纽的基础。广州具有商贸服务优势，应将商贸与科技相结合，进一步提升科技创新服务能力，鼓励企业和个人积极进行科技创业，加强完善科技公共服务体系，加速建立科技成果转化转移体系，同时推动科技与金融相结合，集中发展科技服务业，扩大科技创新服务机构的规模，提高专业化服务的水平和方法，增加服务手段的多样性，储备高端人才，从而提高广州创新服务的水平与竞争力。广州推进

第五章　广州建设创新中心城市的总体目标与发展战略

全球创新服务中心战略将进一步促进企业和专业化服务机构的联系，引导广州整合专业创新研发机构，聚集优质人才和技术资源，实现区域的利益共享，从而形成高端创新要素服务交流平台。将广州定位为全球创新服务中心，可以进一步提升广州市城市地位，增强广州创新服务能力。

（四）全球科技合作交流中心

国际科技合作交流是促进创新要素流入与辐射，形成全球创新网络枢纽的重要路径。目前广州是全球重要的商贸枢纽城市，具有国际科技合作交流的基础和条件。未来广州应依托商贸枢纽与会展交流的优势，进一步形成国际科技合作交流中心。努力形成全球创新要素交流与转换的枢纽。形成从目前"工业产品"贸易向"创新要素"贸易的升级转变。发挥广州在科技合作交流门户城市的作用，全面打造国际科技合作交流中心。

二、广州建设创新中心城市的分项目标和分期目标

（一）分项建设目标评价体系的构建

在创新平台、创新投入、创新环境、创新服务、创新产业和创新人才六个方面构建广州建设的综合目标评价体系（见表5-1）。

表5-1　广州建设创新中心城市的分项建设目标评价体系

分项建设目标类别	评价指标
创新平台	新型研发机构数量、具有国际影响力的新型研发机构数量、国家级创新平台数量、新增具有国际影响力的国家重大科学基础设施数量、新增国际高水平大学数量、科技企业孵化器数量
创新投入	全社会R&D支出、全社会R&D支出占GDP比重、新增创投总额、科技财政经费投入总额
创新环境	每万人发明专利拥有量、PCT（专利合作条约）国际专利受理量、技术自给率、科技进步贡献率、机场旅客吞吐量、城市宽带接入能力、空气质量优良天数占比、人均公园绿地面积、公民具备基本科学素质的比例
创新服务	技术交易额、第三产业增加值占GDP比重、金融业增加值占GDP比重、文化及相关产业增加值占GDP比重、新增标准体系认证平台数量、新增高新技术产业服务业集聚区数量、新增知识产权服务机构数量、新增创新交易服务机构数量

续表

分项建设目标类别	评价指标
创新产业	先进制造业增加值占规模以上工业增加值比重、战略性新兴产业增加值、高新技术产业产值占规模以上工业总产值的比重、科技创新企业总量、高新技术企业数量、培育销售收入千亿级的创新型企业数量、全市规模以上工业企业建立研发机构的比例、国际引领性创新企业和独角兽企业数量
创新人才	高技能人才占技能劳动者比例、高级职称专业技术人才总量、"千人计划"等高端创新人才、省级以上创新创业领军人才（含团队成员）、每万人口在校大学生数量

1. 创新平台

从新型研发机构、国家级创新平台（国家重点实验室、企业工程研究开发中心和企业技术中心等）、国家重大科学基础设施、国际高水平大学和科技企业孵化器等方面进行定量评价。六个具体定量评价指标包括新型研发机构数量、具有国际影响力的新型研发机构数量、国家级创新平台数量、新增具有国际影响力的国家重大科学基础设施数量、新增国际高水平大学数量和科技企业孵化器数量。

2. 创新投入

主要从全社会R&D支出、创投总额和科技财政经费投入三个方面评价，涉及的指标包括全社会R&D支出、全社会R&D支出占GDP比重、新增创投总额和科技财政经费投入总额。

3. 创新环境

从专利水平、技术自给和科技进步贡献、城市基础设施支撑能力，以及城市自然与人文环境四个方面评价。主要通过以下九个指标进行评价，每万人发明专利拥有量、PCT(专利合作条约)国际专利受理量、技术自给率、科技进步贡献率、机场旅客吞吐量、城市宽带接入能力、空气质量优良天数占比、人均公园绿地面积和公民具备基本科学素质的比例。

4. 创新服务

从技术交易服务、第三产业服务能力、金融和文化产业服务能力、标准体系服务、知识产权服务、创新交易服务和高技术企业服务业水平等七个方面综合评价。涉及的指标有技术交易额、第三产业增加值占GDP比重、

第五章 广州建设创新中心城市的总体目标与发展战略

金融业增加值占 GDP 比重、文化及相关产业增加值占 GDP 比重、新增标准体系认证平台数量、新增高新技术产业服务业集聚区数量、新增知识产权服务机构数量和新增创新交易服务机构数量。

5. 创新产业

从先进制造业、战略性新兴产业、高新技术产业、科技创新企业、高新技术企业、创新型企业、工业企业研发机构、国际引领性创新企业和独角兽企业几个方面综合构建其目标体系。与其相对应的定量评价指标分别为先进制造业增加值占规模以上工业增加值比重、战略性新兴产业增加值、高新技术产业产值占规模以上工业总产值的比重、科技创新企业总量、高新技术企业数量、培育销售收入千亿级的创新型企业数量、全市规模以上工业企业建立研发机构的比例和国际引领性创新企业和独角兽企业数量。

6. 创新人才

从高技能人才、高端人才和大学生三个方面构建创新人才目标体系。选取的五个评价指标分别为高技能人才占技能劳动者比例、高级职称专业技术人才总量、"千人计划"等高端创新人才、省级以上创新创业领军人才（含团队成员）和每万人口在校大学生数量。

（二）分项建设目标与分期建设目标

广州建设创新中心城市的分项目标是创新平台支撑能力显著提升，创新投入强度进一步增大，创新环境质量明显改善，创新服务能力持续增强，创新产业竞争力快速提升，创新人才高度集聚。在创新平台、创新投入、创新环境、创新服务、创新产业和创新人才六个方面分别提出广州在2025年（近中期）、2030年（远期）建设创新中心城市的各项建设目标（指标），见表 5-2。

表 5-2 广州建设创新中心城市的分项目标与分期目标

分项目标	评价指标	2025年（近中期）	2030年（远期）
创新平台	新型研发机构数量	200家	300家
	具有国际影响力的新型研发机构数量	4~6家	8~10家
	国家级创新平台数量	160家	200家
	新增具有国际影响力的国家重大科学基础设施数量	2~3家	3~4家
	新增国际高水平大学数量	2家以上	2家以上
	科技企业孵化器数量	450家	600家
创新投入	全社会R&D支出	1200亿元	1800亿元
	全社会R&D支出占GDP比重	3.5%以上	4.0%以上
	新增创投总额	2000亿元	3500亿元
	科技财政经费投入总额	240亿元	350亿元
创新环境	每万人发明专利拥有量	28件以上	32件以上
	PCT（专利合作条约）国际专利受理量	2000件以上	3000件以上
	技术自给率	80%	83%
	科技进步贡献率	65%	68%
	机场旅客吞吐量	13 000万人次	20 000万人次
	城市宽带接入能力	600 Mbps以上	1000 Mbps以上
	空气质量优良天数占比	88%	90%
	人均公园绿地面积	20 m^2	22 m^2
	公民具备基本科学素质的比例	超过20%	超过25%
创新服务	技术交易额	1000亿元	2000亿元
	第三产业增加值占GDP比重	73%	76%
	金融业增加值占GDP比重	14%	16%
	文化及相关产业增加值占GDP比重	7%	8%
	新增标准体系认证平台数量	4家	5家
	新增高新技术产业服务业集聚区数量	4家	5家
	新增知识产权服务机构数量	35家	40家
	新增创新交易服务机构数量	12家	15家
创新产业	先进制造业增加值占规模以上工业增加值比重	超过78%	超过85%
	战略性新兴产业增加值	8000亿元	12 000亿元
	高新技术产业产值占规模以上工业总产值的比重	60%	70%
	科技创新企业总量	30万家	40万家
	高新技术企业数量	12 000家	16 000家
	培育销售收入千亿级的创新型企业数量	3~4家	7~8家

续表

分项目标	评价指标	2025年（近中期）	2030年（远期）
创新产业	全市规模以上工业企业建立研发机构的比例	55%	60%
	国际引领性创新企业和独角兽企业数量	8家	12家
创新人才	高技能人才占技能劳动者比例	37%	40%
	高级职称专业技术人才总量	23万人	25万人
	"千人计划"等高端创新人才	超过600人	超过1000人
	省级以上创新创业领军人才（含团队成员）	超过800人	超过1200人
	每万人口在校大学生数量	1500人	1700人

注：国家级创新平台包括国家重点实验室、企业工程研究开发中心和企业技术中心等。目标指标体系主要参考了《广州市国民经济和社会发展第十三个五年规划纲要（2016—2020年）》(广州市人民政府，2016)、《广州市科技创新第十三个五年规划（2016—2020年）》（广州市人民政府办公厅，2017）的内容

第二节 广州建设创新中心城市的基本原则与发展战略

一、广州建设创新中心城市的基本原则

根据前述总体定位和发展目标，广州建设创新中心城市应遵循的四个基本原则是坚持自主创新和价值创造、坚持全球视野和开放合作、坚持基础培育和环境建设、坚持重点突破和循序渐进。

（一）坚持自主创新和价值创造

坚持将科技创新作为城市发展的核心，提高城市自主创新能力，利用广州人才和技术等要素资源，聚集国际高端创新人才，打造一批以高校、研发机构和创新型企业为主体的创新基础平台，引导高校和研发机构进行产业和科技的深度融合，鼓励并注重原始创新，同时关注重点领域，力求实现创新突破。以价值创造促进关键核心技术的创新和产业结构的优化升

级,培育孵化新业态,依托价值链推进产业链和创新链的整合,促进技术创新和产业链延伸至价值链高端,加速发展高新技术产业和现代服务业,构建原始创新驱动下的广州现代产业发展体系。

(二)坚持全球视野和开放合作

坚持面向全球,在更广阔的领域参与国际创新协作与竞争,以全球化的视野聚集国内外创新资源,构建完善的创新体制和政策环境。以开放合作的理念,建立互生、共赢的区域创新体系。放眼全球,整合有利于广州创新发展的要素资源,建立完善、专业和全面的创新网络体系(广州市人民政府,2011)。深化高校、研发机构和企业的区域与国际合作,加强对外深度融合,实现区域产业和创新资源的聚集,处理好自主创新与开放创新的关系,形成从紧跟到并行到领跑的转变,进而提升广州的创新发展能力。

(三)坚持基础培育和环境建设

鼓励和注重基础创新,在政策、制度和人才方面支持原始创新活动。以广州市产业发展需求为导向,重点培育一批能够促进产业创新的研发项目。坚持政府管理服务创新,优化区域的创新环境,坚持以人为本的理念,加大创新人才和创业团队的培育,遵循"市场主导、政府推进"的原则,在加强政府引导的同时,发挥市场机制的基础作用,健全完善相关政策体系,有效利用整合创新资源,推动区域创新技术和成果的合理流动和转化。坚持改革创新,强化创新意识,优化创新创业环境,促进创新的有效发展。

(四)坚持重点突破和循序渐进

从广州创新发展过程中亟待解决的问题出发,解放思想,勇于创新,集中突破制约广州创新发展的关键问题。从创新中心城市建设的全局出发,分期实施、分批启动建设先行试点的重大项目,逐步推进,循序渐进,以人为本,有效协调短期创新突破与长期基础培育的关系,完善协调高新技术产业和传统产业升级转型之间的矛盾与联系，推动科技创新，促进经济的可持续发展。

二、广州建设创新中心城市战略的相关研究进展

已有一些学者提出了广州建设创新中心城市的基本战略路径。王世豪（2012）提出了广州建设成为国际科技合作交流中心的功能定位，并提出广州要增强辐射带动作用，升值创新性资源，增强桥梁与引导作用，推动产学研一体化和国际化，创造经济和社会效益；杨勇华等（2013）认为广州的创新城市建设需要大力构建"鼓励试错"和"宽容失败"的制度文化环境，制定水平型与垂直型相结合的创新政策，保证创新政策的适应性与民主性，政府要发挥更多的作用和角色；刘明广和李高扬（2014）按照创新载体、创新环境和科技创新的三个维度，对广州建设国家创新型城市的现状进行了调查，并分析了广州在建设国家创新型城市中所具有的优势、劣势、面临的挑战和存在的机会；张赛飞等（2015）分析了广州创新型城市建设的发展特征，认为广州具有创新型产业快速发展、创新驱动产业转型升级、企业创新创业势头强劲、创新发展布局更趋优化以及创新基础条件日趋坚实等特征；丁焕峰（2016）认为，广州需要主动融入全球创新网络，以世界科技创新城市为标杆，推进境内外科技合作，立足广州高新区、中新知识城、科学城、琶洲互联网创新集聚区、国际生物岛、大学城和民营科技园等科技创新空间载体建设国际科技创新枢纽，使广州成为全球创新网络的核心节点，要着力从推动科技创新与产业融合发展和营造良好生态环境两大方面实施；张光宇等（2016）提出广州应推动以科技创新为核心的全面创新，破除限制全面创新的思想、政策、文化和环境约束，构建利于创新创业的资源配置生态空间，充分激发创新资源聚集效应，探索创新驱动新路径，构建保护创新发展的完整生态空间，催生新兴产业革命，进而建设创新中心城市；马蓉蓉和周凤婷（2016）认为广州实施创新驱动发展战略时应进一步突出企业创新主体，加强产业技术创新，实施国际人

才战略，发挥南沙片区优势，完善创新驱动制度；李三虎和洪雨萍（2017）认为广州建设国际科技创新枢纽应选择好科技产业节点，制定研究开发发展战略，促进创新型人才流动，培育创业文化，夯实基础制度，强化各种国际联系。这些研究为广州建设创新中心城市战略路径提供了宝贵的思路建议，奠定了重要的理论与实践基础。

三、广州建设创新中心城市的发展战略

根据上述基本原则，提出广州建设创新中心城市的四大发展战略：知识创新与应用技术创新体系完善战略、高技术产业化与创新企业孵化加速提升战略、科技创新基础支撑体系与环境打造战略、科技创新交易与服务平台建设战略（见表5-3、见图5-2）。

表5-3　广州建设创新中心城市的发展战略及其战略重点

发展战略	具体战略重点
知识创新与应用技术创新体系完善战略	加强高等院校、研究机构、重点实验室、协同创新中心、工程研发平台和公共技术平台等创新载体建设，促进军民融合创新，完善知识创新与应用技术创新体系
高技术产业化与创新企业孵化加速提升战略	加快创新企业孵化器、加速器和国家创新产业基地建设，推动高技术产业化、价值化，由"广州制造"向"广州智造"和"广州创造"转变
科技创新基础支撑体系与环境打造战略	推动标准化体系、知识产权服务体系、创新企业总部、金融服务体系、法律法规体系、政策环境体系建设
科技创新交易与服务平台建设战略	推动研究开发、技术转移、技术交易、检验检测认证、创业孵化服务、知识产权交易、科技咨询服务等业态的发展，建立技术交易市场体系，构建创新创业公共服务网络，建立创新服务中心

第五章 广州建设创新中心城市的总体目标与发展战略

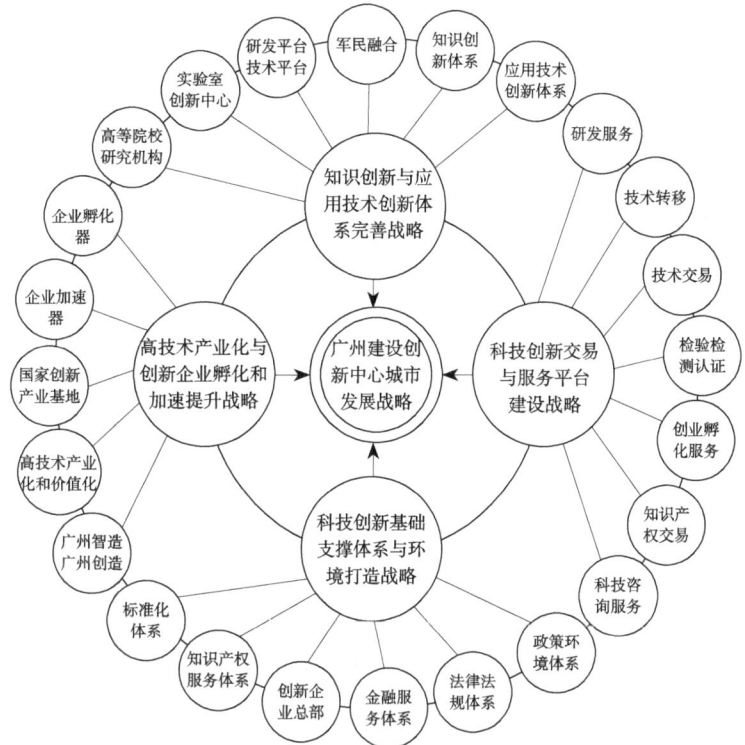

图 5-2 广州建设创新中心城市的发展战略框架示意图

（一）知识创新与应用技术创新体系完善战略

知识创新是通过科学研究发现新现象、新规律，从而积累新科学、新技术和新知识的过程，可为科学技术创新和新发明提供支撑，也为人类认识未知的世界提供新的理论和方法，促进社会和科技进步和经济增长。知识创新是增强企业研发能力的源动力，是提升企业核心竞争力的关键[①]；技术创新指生产技术的创新，包括新技术的开发及现有技术的创新应用，是在科学知识发现的基础上建立的，是科技与经济一体化的过程，是技术进步和应用创新共同作用的产物。技术创新可能创新出全新产品，也可能

---

① http://baike.sogou.com/v7967321.htm?fromTitle=%E7%9F%A5%E8%AF%86%E5%88%9B%E6%96%B0

降低成本、改善工艺、提高效率和节约资源。企业可通过创新先进技术，研发新产品等活动增强其自身竞争力。[①]由此可见，完善知识创新体系和应用技术创新体系是提升广州原始创新能力所不可或缺的两个重要方面。

广州应重点加强高等院校和研发机构的科研协作，大力建设国家重点实验室，建立协同创新中心，建立工程研发平台，推动高校、科研单位与创新企业的紧密合作，搭建公共技术平台，引进专业的服务机构，提高创新资源的利用率，加快知识创新和加速聚集高端研发机构，重点提升广州本区域企业的研发能力，建设产学研合作基地，加强面向市场的科技创新和技术应用。此外，还应促进军民融合创新，以军工创新带动民用创新，增强地区的基础研究能力，从而完善知识创新和应用技术创新体系，提升本地区的综合创新能力（刘晶晶和邢宝君，2006；李明，2007）。

（二）高技术产业化与创新企业孵化加速提升战略

高技术产业化主要以高技术研究成果为起点，经过技术、产品、生产能力和市场的开发，最终将产品投放市场（吴丽丽和黄德海，2013），实现将科研成果转化为物质财富这一目标，从而获得经济利益。可见，高新技术产业化是高新技术创新成果的商品化、市场化的过程，是高新技术通过研发应用最终形成产业的过程，是将创新成果转化为具有一定规模产品的过程。因而，高技术产业化将推动广州的产业竞争力和经济效益发展，为广州建设全球科技创新枢纽奠定产业基础[②]。创新企业孵化是依靠投入各种要素和资源，在集中的空间孕育孵化新的创新性企业的过程。可通过建立创业孵化中心，提供多种类型的可支付孵化空间，为入驻的企业提供各种专业的服务。一般来说，接受孵化的企业更容易破壳而出，更容易获

---

① http://baike.sogou.com/v7536334.htm?fromTitle=%E6%8A%80%E6%9C%AF%E5%88%9B%E6%96%B0

② http://baike.sogou.com/v68667386.htm?fromTitle=%E9%AB%98%E6%8A%80%E6%9C%AF%E4%BA%A7%E4%B8%9A%E5%8C%96

得成功和做大做强。① 可见,支持已有高技术企业的产业化和培育新的企业孵化成长是广州提升创新产业竞争力的两大努力方向。

广州应推动高新技术产业化、价值化,实现优势产业集群发展,进而打造高新技术产业集群。加强国家高技术产业基地的公共平台建设,完善创新产业链的配套能力,实现高度规模化,进而增强国内外高新技术产业的辐射和带动作用。加快创新企业孵化器建设,降低中小型科技企业创业成本(任志宽和郑茜,2017),提高企业创业的成功率,推进科技创新,促进科技成果转化。推进企业加速器建设,将资源进行高效整合,促使经过孵化器培育的中小型企业加速成长及发展,通过创新实现企业价值的提升。对于优秀的创新企业,应进一步支持其加速发展,助推其成为独角兽企业和具有国际影响力的创新企业,推动"广州制造"向"广州智造"和"广州创造"转变。

(三)科技创新基础支撑体系与环境打造战略

科技创新是科学研究和技术创新的总称,是依托和应用新技术、新工艺与新模式开发高质量新产品和新服务的过程。科技创新是将众多主体(例如政府、高校、研发机构、中介机构和公众等)与人才、技术和资本等多要素相互融合的复杂系统,是吸引创新要素和保障创新活动顺利进行的基本保障。② 创新环境一般包括制度环境、文化环境、政策环境、服务环境、公共服务环境和生活环境等。

广州应推动标准化体系建设,完善知识产权服务体系,吸引创新企业总部入驻,健全完善创新创业投资企业的融资支撑体系,支持金融创新服务,专门设立科技创业银行、贷款担保和融资平台等为中小型创新企业和投资机构服务。贯彻落实国家法律法规及政策,完善利于广州自主创新的

---

① https://baike.baidu.com/item/%E5%AD%B5%E5%8C%96/659333?fr=aladdin

② https://baike.baidu.com/item/%E7%A7%91%E6%8A%80%E5%88%9B%E6%96%B0/1448199?fr=aladdin

法律法规和科技创新政策体系，加强政府引导和市场调控，从而提高创新技术的效率。完善科技管理体制，激励研发机构和创新人才的创新能力。提倡创新文化，发展创新精神，尊重创新人才，大力引进国外高端人才及创新理念，营造平等、民主、公平和宽松的创新人文环境。建立健全自主创新相关的法律法规，营造对高科技创新产业发展有利的良好法律和制度环境，充分发挥政府对高科技创新产业的推动作用。① 加强创新服务的基础设施和公共设施建设，营造良好的居住环境和公共服务环境，为创新活动的开展和创新要素的流入提供保障。

（四）科技创新交易与服务平台建设战略

科技创新交易指关于"科技创新点子"（如专利等知识产权）的交易，这些"点子"可通过各类创新交易平台进行市场化交易。客户可以根据自身需要，通过平台购买创新点子，成为此创新点子的第一发明人，被购买的点子由专业人员向国家知识产权局提出专利申报，客户作为该专利的所有权人获取国家专利证，并由相关部门对专利证书的真实性进行认定。② 这种"创新点子"的交易相比于传统实体产品，具有更高的附加值，科技创新交易能力和水平也是一个城市创新地位的体现。创新服务平台可将高校、研发单位、中介机构和创新龙头企业等要素资源进行有效整合，从而实现资源共享，为创新企业提供共性的技术服务和联络组织体系。③ 创新服务平台的建立，很大程度上可满足产业经济和区域发展的重大需求，有效提升公共服务水平，实现对广州科技创新活动的必要支撑。

广州应加快建设创新服务中心，完善科技服务体系，创新科技服务模式，构建技术合同交易网络，推动实现技术的转化转移；保障知识和技术安全交易，完善知识产权管理制度；完善中小型创新创业服务平台，为科

---

① http://baike.sogou.com/v129455.htm?fromTitle=%E7%8E%AF%E5%A2%83
② https://wenku.baidu.com/view/c3068f42e45c3b3567ec8b74.html
③ https://baike.baidu.com/item/%E5%8A%80%E6%9C%AF%E5%88%9B%E6%96%B0%E6%9C%8D%E5%8A%A1%E5%B9%B3%E5%8F%B0/16604707

技创新企业提供核心关键共性技术等方面的科技咨询；加快建设公共检验检测与认证平台，打造国家检验检测高技术服务业集聚区；建立技术交易市场体系，构建创新创业公共服务网络平台（中国共产党广州市第九届委员会第十次全体会议，2011；佚名，2011）；提升创新服务平台的水平和能力，提供对科技创新活动的市场交易与服务支撑。

创新中心城市建设的理论与战略：基于广州的实证研究

第六章　广州建设创新中心城市的实现路径与驱动模式

本章以广州为案例，分析了广州建设创新中心城市的实现路径、驱动模式、政策领域和保障措施。通过搭建创新平台、支持创新机构、集聚创新资源、完善创新机制、优化创新环境、强化创新服务和嵌入创新网络等路径建设创新中心城市。一是搭建创新功能区、高科技园区、企业加速器、企业孵化器、众创空间、工程研发平台、公共技术平台和创新服务平台等多种创新载体；二是培育与支持大学、研究机构、科技创新企业、重点实验室和工程中心等创新机构的建设；三是通过创新人才吸引、创新信息集聚、创新知识汇聚和创新经费支持等集聚创新资源；四是完善和改革科技创新活动中的激励、竞争、评价和监督机制；五是重点在法治环境、创业环境、文化与社会环境以及教育与宜居环境等方面优化创新环境；六是强化创新交易、投资服务、知识产权、标准体系和品牌运营等领域的创新服务能力；七是稳固珠三角创新网络、连接全国创新网络、嵌入全球创新网络和优化广州内部创新网络。在驱动模式方面，建议广州采用"科技创新驱动＋工业创新驱动＋管理创新驱动＋服务创新驱动"的"四轮驱动"模式推动广州建设创新中心城市。从创新人才、创新企业、科研机构、高等院校、金融机构、中介机构和政府机构七个方面提出广州建设创新中心城市可以进行完善的政策建设。进而从组织保障、政策保障、平台保障、空

第六章 广州建设创新中心城市的实现路径与驱动模式

间保障、资金保障和人才保障六大方面提出广州建设创新中心城市的保障措施。

第一节 广州建设创新中心城市的实现路径

以广州建设创新中心城市的总体发展战略和建设原则为导向，通过搭建创新平台、支持创新机构、集聚创新资源、完善创新机制、优化创新环境、强化创新服务和嵌入创新网络等措施，更快更好地将广州建设成为创新中心城市（见图6-1、见表6-1）。

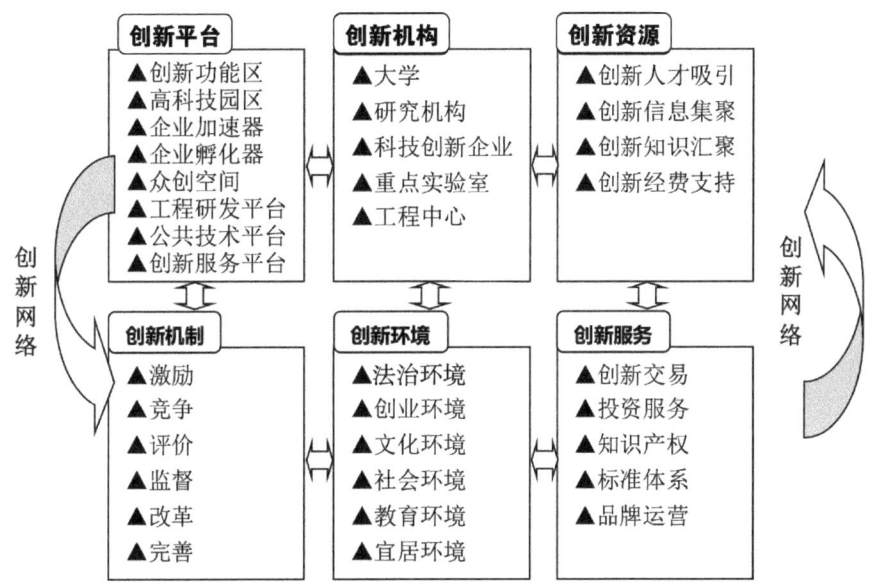

图6-1 广州市建设创新中心城市的实施方案推进领域示意图

表6-1 广州市建设创新中心城市的实施方案基本框架

实施方案	具体方案措施
搭建创新平台	搭建创新功能区、高科技园区、企业加速器、企业孵化器、众创空间、工程研发平台、公共技术平台和创新服务平台等多种创新载体
支持创新机构	培育与支持大学、研究机构、科技创新企业、重点实验室和工程中心等创新机构的建设
集聚创新资源	通过创新人才吸引、创新信息集聚、创新知识汇聚和创新经费支持等措施集聚创新资源

续表

实施方案	具体方案措施
完善创新机制	完善和改革科技创新活动中的激励、竞争、评价和监督机制
优化创新环境	重点在法治环境、创业环境、文化与社会环境和教育与宜居环境等方面优化创新环境
强化创新服务	强化创新交易、投资服务、知识产权、标准体系和品牌运营等领域的创新服务能力
嵌入创新网络	稳固珠三角创新网络、连接全国创新网络、嵌入全球创新网络和优化广州内部创新网络

一、搭建创新平台

创新平台是加快转变经济发展方式、推进经济转型升级的重要支撑。通过建设创新功能区、高科技园区、企业加速器、企业孵化器、众创空间、工程研发平台、公共技术平台和创新服务平台等多种创新平台,进一步支撑广州市创新主体的创新活动和快速发展(刘慧琼,2016;熊安昕,2016),进而促进高科技创新技术的转移,实现高科技创新资源的共享,对高科技企业发展产生助推和加速的作用力,形成优良的创新环境。构建"众创空间—孵化器—加速器—科技园/创新功能区"+"工程研发平台、公共技术平台、创新服务平台"的创新创业孵化与加速成长链条,最终提升广州市的创新能力。

(一)重点建设创新功能区和高科技园区

本书中的创新功能区是指集聚创新功能、具有一定规模和影响和地域完整的综合性创新空间载体。例如广州高新区、中新知识城和广州科学城等区域,是城市创新活动和创新产业发展的重要空间。高科技园区是一个高效利用各种先进资源(包括资金、人才等)的知识技术密集区,可专门从事高新科技的研究和新兴产业的开发,加速新技术的研制及其成果的转化应用,从而使最先进最新的科学技术与经济之间建立密切的联系。[①]高科技园区具有强烈的集聚效应,因此建设高科技园区对城市的创新活动会

---

① http://wiki.mbalib.com/wiki/%E7%A7%91%E6%8A%80%E5%9B%AD%E5%8C%BA

产生巨大的集聚和吸引作用（盛垒等，2015）。创新功能区和高科技园区一般位于经济发达、交通便捷的大城市附近，园区内设施先进，技术高度密集，且园区的环境优美，配套生活设施及教育条件也非常优越，从而能吸引更多的高科技人才的加入。

根据《广深科技创新走廊规划》和《广州国家自主创新示范区发展规划（2016—2025年）》，综合广州发展的自身功能定位，打造4大创新功能区和16个高科技园区作为广州创新中心城市建设的主要创新空间载体。其中，4大创新功能区是广州大学城－国际创新城、琶洲互联网创新集聚区、广州中新知识城和广州科学城（具体定位见表6-2）。这4大创新功能区也被包含在广深科技走廊的10个核心创新平台之中。16个高科技园区分别是广州国际生物岛园区、广州天河智慧城、广州中大国际创新谷和南中轴创新带园区、广州国际健康城、广州－天河·公园智谷片区、广州黄花岗科技园、广州增城经济技术开发区核心区、广州－黄埔·云埔片区、广州－增城·太平洋夏埔片区、广州黄埔临港经济区、广州空港经济区、广州白鹅潭现代服务业集聚区园区、广州南沙自贸及自主创新示范区园区、广州民营科技园、广州－增城·珠江国际智能科技产业园片区和广州从化明珠工业园。这些创新功能区与高科技园区共同形成"4+16"多点支撑的发展格局。重点研究制定推动创新功能区和高科技园区的系列发展政策，加快基础设施和公共服务设施建设，打造优美环境，提升创新功能区和高科技园区的吸引力和竞争力。

表6-2 广州重点建设的4个创新功能区的基本情况

名称	规划范围（km²）	规划建设用地面积（km²）	战略定位和主导产业
广州大学城－国际创新城	60.3	45.2	以广州大学城教育科研创新为支撑，建设珠三角科技创新高地、华南科技合作之窗、高科技人才创新创业基地。重点发展新一代信息技术、新材料与高端制造、文化创意、生命健康产业
广州中新知识城	22.7	14.8	建设知识经济产业集聚区，推动国家知识产权运用和保护综合改革试验，成为广州建设国家科技创新枢纽的核心组团。重点发展生物医药、电子信息、新材料、知识经济产业

创新中心城市建设的理论与战略：基于广州的实证研究

续表

名称	规划范围（km²）	规划建设用地面积（km²）	战略定位和主导产业
广州科学城	20.3	15.8	以战略性新兴产业为主导，突出创新创业生态建设，提升创新要素密集度，扩大对外辐射带动影响力，把科学城建设成为区域性科技创新创业中心。重点发展电子信息、新材料、生物医药产业
琶洲互联网创新集聚区	7.5	6.8	打造广州新经济重要引擎、亚太地区互联网总部基地、全球互联网投资首选地及国际高端人才汇集地。重点发展"互联网+"产业

资料来源：广东省委省政府．广深科技创新走廊规划［Z］．2017

加快完善上述创新功能区和高科技园区的基础设施建设，发挥创新政策优势，提升整体创新文化氛围，优化创新环境，大力推进产学研相融合。同时，加大政府在创新方面的资金投入力度，从而吸引和扶持更多的高科技企业和创新型企业进驻，促进科技创新企业的快速发展。通过创新功能区和高科技园区的搭建，逐步引导传统企业及从事落后技术的企业逐步实现产业结构的优化与升级。

推动建设科研类、制造类和服务类三种类型的"创新节点"共13个。其中，科研类的"创新节点"包括广州国际生物岛园区、广州天河智慧城、广州中大国际创新谷和南中轴创新带园区、广州国际健康城和广州－天河·公园智谷片区；制造类"创新节点"包括广州增城经济技术开发区核心区、广州－黄埔·云埔片区和广州－增城·太平洋夏埔片区；服务类"创新节点"包括广州黄埔临港经济区、广州空港经济区、广州白鹅潭现代服务业集聚区、广州南站商务区和广州－增城·珠江国际智能科技产业园片区。上述创新节点分别承担相应的创新功能，形成对"创新功能核"的支撑和补充。

表6-3 广州建设创新中心城市的13个"创新节点"

序号	节点类型	名称
1	科研类	广州国际生物岛园区
2	科研类	广州天河智慧城
3	科研类	广州中大国际创新谷和南中轴创新带园区
4	科研类	广州国际健康城
5	科研类	广州－天河·公园智谷片区

续表

序号	节点类型	名称
6	制作类	广州增城经济技术开发区核心区
7	制造类	广州－黄埔·云埔片区
8	制造类	广州－增城·太平洋夏埔片区
9	服务类	广州黄埔临港经济区
10	服务类	广州空港经济区
11	服务类	广州白鹅潭现代服务业集聚区
12	服务类	广州南站商务区
13	服务类	广州－增城·珠江国际智能科技产业园片区

（二）培育建设企业孵化器和企业加速器

企业孵化器，即高新技术创业服务中心，是具有一定创新意义的社会经济组织。企业孵化器可通过提供研发、生产和经营所需要的场所，以及必要的通信、办公等方面的共享设施，通过提供专业的咨询、法律和市场等方面的协助，进而培育中小型科技创新企业，降低中小型创新创业企业的失败风险，从而使中小型企业逐渐发展壮大。企业孵化器可以积极推进科技成果的转化，营造浓烈的创业氛围，吸引高素质人才汇聚到一起积极创业，推进区域经济的飞速发展。也能为中小型科技企业提供研发空间，加快中小型企业发展，同时促进高新技术产业的完善发展。[①] 企业加速器是企业孵化器的升级，指加速企业发展的服务体系。狭义的企业加速器为单独的机构或组织，独立于企业，它的主导功能是为包括大企业、中小企业和高技术企业在内的具有一定创新能力及发展速度的科技型企业提供加速发展服务。[②] 企业加速器能够促进自主创新战略的实施，促使其加速成长及发展，形成高新技术产业集群，促进科技园区的快速发展，从而实现企业的创新价值（何科方和钟书华，2010；任静，2011）。

[①] http://wiki.mbalib.com/wiki/%E4%BC%81%E4%B8%9A%E5%AD%B5%E5%8C%96%E5%99%A8

[②] http://wiki.mbalib.com/wiki/%E4%BC%81%E4%B8%9A%E5%8A%A0%E9%80%9F%E5%99%A8

综合广州当前及未来产业发展特征与趋势，应加大对企业孵化器和企业加速器的建设力度，从而实现其规模效应和聚集效应，降低中小型科技企业的经费投入，提升科技型企业创新创业的成功率，推动科技创新，加速科技成果的产业转化效率，促进就业（马海涛等，2013；方创琳等，2014）。同时，政府应积极为孵化器和加速器的相关服务提供一系列的优惠政策，颁发利好条例，引导和鼓励科技创新。有效整合资源，为科技型中小企业提供生产过程中需要的资金、场地和技术咨询等服务，强化创新产品与市场对接，促使其创新服务更加完善，形成"研发创新技术→孵化器培育新企业→加速器发展壮大经孵化过的新企业→产业化集群发展"的一体化发展体系，积极推动科技成果的产业化进程，进而提升广州的创新动力。

未来应继续按需培育和推动企业孵化器建设，以满足创新型企业发展需要。目前广州的企业加速器主要集中在广州开发区（科学城），并形成了企业加速器集群。未来还应在广州大学城-国际创新城、琶洲互联网创新集聚区和广州中新知识城这三个创新功能区大力建设企业加速器，形成企业加速器集群，进而构建广州市企业"孵化—加速"的企业培育体系。

（三）积极建设众创空间

众创空间是顺应创新 2.0 时代用户创新、开放创新、协同创新和大众创新趋势，把握全球创客浪潮兴起的机遇，契合互联网及知识经济环境下的创新创业需求，通过市场化机制、专业化服务和资本化途径构建的低成本、便利化、全要素和开放式的新型创业公共服务平台的统称（上海市建材科技情报研究所，2016）。发展众创空间可以着力发挥政策集成效应，实现创新与创业相结合、线上与线下相结合、孵化与投资相结合，为创业者提供良好的工作空间、网络空间、社交空间和资源共享空间（上海市建材科技情报研究所，2016）。①

---

① https://baike.baidu.com/item/众创空间/16694406?fr=aladdin#1

第六章 广州建设创新中心城市的实现路径与驱动模式

广州应进一步积极发展推动建设多样化多形式的众创空间，并引导现有众创空间聚焦细分产业领域，向强调服务对象、孵化条件和服务内容高度专业化的方向发展。进一步扩大广州众创空间联盟的规模和服务能力，为众创空间的发展提供更加完善和开放的平台，帮助创新企业发展，营造良好的区域创新创业生态环境。

（四）打造和完善工程研发平台、公共技术平台和创新服务平台

工程研发平台是一种与相关创新型企业紧密联系、满足工程技术综合配套试验条件，可为企业提供多种综合服务的组织机构。工程研发平台主要依靠科技研发机构、科技创新型企业或高校设立，可集聚高端工程研发专业人才队伍，强化科技成果转化效率，完善现有科技成果水平，为产业发展提供科学技术方面的有力支撑。工程研发是企业产品创新及其更新升级换代的根本所在，工程研发需要大量的科研人员参与其中。[1] 公共技术平台由政府、创新企业、科研机构和高等院校等多个主体共同合作投入建设（熊安昕，2016）。该平台能够整合各部门的资源优势，弥补单个企业研发能力的不足，面向社会开放，为中小企业服务，着重研究开发产业共性与关键性技术、推动产学研深度合作，提升科技研发成果的产业转化效率，进而提高本地区的创新能力。[2] 技术创新服务平台主要功能包括资源信息服务、研发服务、科技成果转化与推广服务、专业人才培训与交流服务等。[3] 创新服务平台是为了满足产业和区域发展的重大需要，有效整合高等院校、科研机构、科技服务机构以及创新型企业等科技研发方面的优势资源，为企业共性和关键核心技术需求提供公共服务的组织体系。

首先，广州应积极建设工程研发平台，推动高校、科研单位与创新企

---

[1] https://wenku.baidu.com/view/123c55e452d380eb63946d49.html

[2] https://baike.baidu.com/item/%E5%85%AC%E5%85%B1%E6%8A%80%E6%9C%AF%E5%B9%B3%E5%8F%B0/12772361

[3] https://baike.baidu.com/item/%E6%8A%80%E6%9C%AF%E5%88%9B%E6%96%B0%E6%9C%8D%E5%8A%A1%E5%B9%B3%E5%8F%B0/16604707 %E5%B9%B3%E5%8F%B0/16604707

业紧密合作，促进整个区域构建新产品研发系统（马海涛等，2013；肖林，2015），加深产学研各单位之间的资源共享和技术交流合作，实现科技成果的转化落地，帮助创新企业解决技术上的难题，提升企业的创新能力，进而实现广州提升城市创新成果的应用能力。第二，努力建设专业化的公共技术平台，引进专业服务机构，整合各方资源优势，解决中小企业无法独立完成的某些共性且原理相通的技术问题，为中小企业创新研发提供必要的技术支持与服务，降低中小企业创新创业的资金成本及风险概率，提高企业的生产效率。这有利于提升创新城市的服务质量和服务水平，从而提高广州高新技术的研发创新能力。第三，完善建设创新服务平台，进一步提升公共服务水平，以满足科技创新活动的需要。完善和保护个人知识产权信息，促进高校、科研机构及创新企业的无缝对接，实现高新技术成果的转化和落地运用。加快信息化管理创新，提高城市信息化水平，推动电子通信网及互联网发展，营造优良的创新服务环境（肖林，2015；刘慧琼，2016），提高民众的创新积极性，便于更多的技术人员开展或参与创新创业活动。

二、支持创新机构

大力培育与支持大学、研究机构、科技创新企业、重点实验室和工程中心等创新机构的建设，为广州市科技原始创新活动提供基础；着力引进建设国际知名大学分校落户，建立国际性研究机构或国际性咨询智库；从税收、用地、人才引进和公共服务等方面支持科技创新企业的培育和发展；加大资金投入，进一步支持重点实验室和工程中心的建设。

（一）提升大学和研究机构的原始创新能力

大学是高度集聚众多知识要素和人才要素的公共机构，可支撑和促进科技创新企业的创新活动，为社会各行业培育大批高素质的优秀人才，支持企业的科学技术创新。同时，由于参与创新创业活动的人中大多数是年轻的创业者，因此，可依托大学高素质人才、高科技知识等资源优势，发展众创空间及孵化器，将二者紧密结合，从而促进科技创新的发展（熊安昕，2016；马蓉蓉和周凤婷，2016）。研究机构是由一定水平的学术领袖集聚高科技研究人员长期组织研究和开发活动的机构，具有明确的研究方向和任务，对社会共性关键技术进行研究，可为企业提供先进的科学技术。[①]纵观国外创新城市的成功发展经验，研究机构的建立对城市创新发展具有重要的推进作用。

广州应在进一步提升原有大学科研创新能力的基础上，加快引进国际高水平大学或分校入驻。建议在南沙预留一定规模的国际性大学用地，学习上海和深圳经验，吸引国际名校在南沙办学，提升广州高等教育的国际化水平和国际影响力。加快与多个国家深入合作的力度，实现共建联合研究院/研究所，打造国际科技合作创新平台，加深与国际知名科技创新机构和研究机构的合作和交流，从而提升广州科技水平。广州应继续加大科学创新研究的资金投入，为高校和科研院所的科研活动提供便利的绿色通道。进一步加大科研院所改革力度，对接产业需求，加强技术转化和企业孵化服务，推动传统研究机构的转型升级，以便更好地开展各领域创新研究（路平，2016），从而加速产学研的进一步有效融合，促进科技成果转化为创新产品（马海涛等，2013；刘慧琼，2016）。鼓励和支持创新型高校或研究机构建立适应不同类型科研活动特点的管理机制和运行机制，激发科研机构活力和人员创造力，强化研究开发、成果转化和创业孵化能力（路平，2016）。大力推动创新活动，吸引国内外大型企业、高等院校和科研机构到广州设立研发中心，鼓励创新型企业有效利用国内外一切可利用的创新资源，促进广州科技创新能力的提高。

（二）支持科技创新企业发展

科技创新企业是创新中心城市建设的中坚力量，是政府重点支持培育

---

① https://baike.baidu.com/item/科研机构/555641

的对象，也是风险投资机构最看重的投资对象。科技创新企业一般都拥有自主知识产权和自主品牌，还具有较强的研发实力，具有一定的成长性和创新性，可以将科技创新技术转化为科技产品，将科技创新成果转化为具有价值的商品，进而推动区域经济产业的持续增长。①目前，广州独角兽企业仅2家，远少于深圳（12家），同时缺乏像深圳华为、中兴这样具有国际影响力的创新型企业。

广州应鼓励各创新企业进行科技创新，支持科技创新企业与高等院校、科研机构合作，开展基础核心技术和前沿关键技术的研发活动，从而解决企业最关键的前沿技术问题，形成一批引领型、颠覆性的产业技术创新成果；发展壮大科技型企业的产业集群，促进科技创新创业，推进传统企业向科技型企业转型升级；支持优秀企业成长为独角兽企业和具有国际引领性的创新企业，同时对中小型科技创新企业提供各方面的支持，加大对科技创新的研发经费投入（张赛飞，2015），加强企业的创新能力，增加科技创新产出，提升创新成果转化为创新产品的效率；创造更多的新产品，提高产品的科技竞争力，推动科技创新与经济发展紧密融合；加强产业技术和未来产业关键核心技术研发和应用，从而促进产业结构优化调整和城市的转型升级，加快广州经济发展，推进广州创新中心城市的建设（刘明广和李高扬，2014a；刘明广，2014；马蓉蓉和周凤婷，2016）。

（三）完善重点实验室和工程中心建设

重点实验室是科技创新体系中的重要组成部分，主要依托大学和研究机构建设，集聚了众多优秀科技人才，可开展核心技术的研究和重要科技领域的创新性研究，具备较高的管理水平，同时还需要有良好的运行机制。②工程研究中心是科技创新体系的重要组成部分，通过组织高校、研究机构

---

① https://baike.baidu.com/item/创新型企业/6769445
② https://baike.baidu.com/item/%E9%87%8D%E7%82%B9%E5%AE%9E%E9%AA%8C%E5%AE%A4

等研究资源，为各行业培养专业技术研发人员和管理人才。工程研究中心还可为创新型企业提供工程技术和科技咨询服务，提高企业自主创新能力，促进技术创新，提高成果转化的效率，推动产业与科研单位之间的无缝衔接，促进产业技术进步和提升企业核心竞争力。[①]重点实验室和工程中心是保障广州科学技术研发活动开展的重要基础性机构，对广州原始创新能力的提升具有重要作用。

广州在完善重点实验室建设时，应注重科技创新共性技术的研发，为广州全地区提供重大高端的科学技术研发服务支撑。因而需要广州政府依托现有科技平台，加强扶持及引导力度，支持重点实验室的申报、建设，推动实验室等科技资源对整个社会开放共享，将科技型成果辐射到整个社会，从而实现创新产业的重大突破，提升广州共性技术的应用能力，使创新企业的科研力量得到提升，增加广州的科技竞争力。

在工程中心建设方面，广州应有效整合各类科技研发资源，支持工程中心的建设，引进各行业紧缺人才和高层次创新人才，推进企业进行产学研深度合作，实现关键领域的核心技术开发（刘慧琼，2016；张光宇等，2016）。支持企业研发和科技成果的转化，提高成果的转化效率，将产业、技术和金融三方面深度融合，营造良好的创新生态环境。建立科学创新技术研发体系，加大科学研发投入，提高企业技术创新能力，从而增强城市的自主创新水平。近期应积极推动广东大科学研究中心建设，集聚高水平的科学家和高端人才并开展战略和前沿导向的基础研究，着力在重大原始创新成果方面有所突破，从而提高广州的科技创新地位和影响力，为科技创新的长远发展打好基础。

三、集聚创新资源

创新资源是指创新企业需要的人才、信息、知识和经费等方面的投入，

---

① http://baike.sogou.com/v63787059.htm?fromTitle=%E5%B7%A5%E7%A8%8B%E4%B8%AD%E5%BF%83

创新中心城市建设的理论与战略：基于广州的实证研究

集聚创新资源，应聚集稀缺的、不可被模仿的核心资源，进而帮助企业利用现有创新资源创造出更先进的创新成果。广州应从创新人才吸引、创新信息集聚、创新知识汇聚和创新经费保障等方面努力集聚创新资源。

（一）吸引创新人才

创新型人才在创新中心城市的建设中起到无与伦比的支撑作用。广州高校众多，科技资源和人才资源都很丰富，聚集了大量的创新科技高端人才，但依然不能完全满足创新中心城市建设的需求。广州应培养高层次的管理人才及专业技术人才，促使科技人才从高校、研究院所等象牙塔走向企业，增强企业创新文化，提高企业科技创新产品的研发能力（刘慧琼，2016）。同时，实施开放人才政策，资助有能力、有创新思想的优秀人才进修以获得更大的创新能力（刘明广和李高扬，2014b）。保护和激励企业家创业精神，为各类人才提供竞争力强且发展潜力大的工作机会，营造适宜生活环境和良好的教育发展环境，为进入广州的高端人才解决子女教育、随行家庭人员的后顾之忧，提高科技研发人员的收益配比。同时，也应该面向国际，引进高层次人才，吸取全球的先进人才，打造海内外人才发展平台，壮大广州的国际性创新型人才队伍，促进城市创新能力的提高，最终促进广州全球城市目标的实现（刘明广和李高扬，2014b；李三虎和洪雨萍，2017）。此外，还应优化人才服务，进一步开展人才绿卡（非广州户籍优秀人才申请获得后可在购房、购车和子女入学等方面享受市民待遇）的前置发放工作，做好住房、子女教育等方面的保障。① 应积极开展新型研发机构的人才合作共享模式，加大创新人才的吸引力度，推进国内外高端研发资源和创新人才的集聚。

（二）集聚创新信息

创新信息是促进广州加快建设创新中心城市的"软要素"和"催化剂"。

---

① http://news.ycwb.com/2018-01/22/content_25919003.htm

广州应开展创新创业信息推送服务,掌握创新前沿信息,网罗创新领先技术和人才,拓展国际创新合作渠道。加快推进高校和科研院所的研发设施、研发服务和研发信息面向社会开放共享,服务城市的科技创新活动。加强各类信息交流平台建设,支持创新人才创业,加强技术产业化项目的落地。借助信息集聚的平台优势,引进国内外先进的科技创新技术经验,集聚创新科技资源和人才资源,提高城市的创新能力(王世豪,2012;刘明广和李高扬,2014a)。此外,广州应逐步形成一套公正、权威且能够被大多数科技创新型企业接受的创新企业信用评价体系,建立创新企业信用信息平台,最终实现创新知识和发展信息等要素的高度聚集,提升广州创新能力。

(三)汇聚创新知识

创新知识的运用能增强企业的研发能力,打破技术壁垒实现创新,从而积累知识和技能,创造标新立异的新产品和新服务,增强企业应对突发情况的能力,从而提升企业的核心竞争力。[①] 知识要素在创新中心城市的打造中有着举足轻重的作用,因此,广州要加强知识产权的保护,在传播、扩散创新知识的同时保护创新人才的合法权益,建立一些评估、运营平台,在强化提升中提高知识产权的保护水平,从而营造出利于企业进行自主研发新技术、新产品的市场环境,形成技术研发与转化应用相互促进的良性循环,为有能力、有创新思想的高端人才提供保障。另外,广州要着重打造全球创新城市中心,高度集中知识化创新资源,大力发展科技密集型和知识密集型产业,实现经济产业转型升级。运用现代科技创新研发的成果推动广州知识经济的发展,促进科技创新型企业降低创新成本,加强知识创新成果与生产力之间的有效转化融合。将先进技术和知识传播到周边城市,带动周边城市创新活动的开展和经济的发展(王世豪,2012;张光宇等,2016;广州市科技创新委员会,2017)。

---

① http://wiki.mbalib.com/wiki/%E7%9F%A5%E8%AF%86%E5%88%9B%E6%96%B0

（四）保障创新经费

创新经费指城市或企业在产品、技术、材料、工艺和标准的研究创新与开发过程中发生的各项费用。① 要保障充足的科技研发经费投入，在此基础上，更应做到财政对科技研发的经费投入的有效分配。若不能做到资源分配的公平、公正和公开，那么，投入再多的科研经费也无济于事，无法发挥其应有的作用，也无法得到预期的创新成果。

广州应充分发挥财政科技经费的导向作用，支持科技创新公共平台建设和重大关键共性技术的研发，促进各项科研设施建设，营造优质的创新服务环境，进而调动科技创新队伍的积极性和创造性；应进一步加大对科技创新研发经费的投入，提升企业创新能力，同时完善产学研体制机制，使科技研发创新成为城市经济快速增长的新动力；应对创新企业前一阶段的研发经费提供一定的奖励补助政策，重点对高新技术企业和研发机构给予科技研发经费支持。同时，经费投入应实行前期资助和后期补助相结合的方式，提高财政科技经费使用效益和科技资源配置效果，强化企业技术创新主体地位以及对产业的支撑作用（刘明广，2014；广州市科技创新委员会，2017）。

四、完善创新机制

为了促进广州加快建设创新中心城市，应进一步完善激励、竞争、评价和监督机制，适时探索对现有体制机制的改革完善路径。

（一）完善激励和竞争机制

年轻人才思维活跃，局限性小，不愿墨守成规被条条框框束缚，往往更具创新能力。海内外许多重要的核心技术多由年轻人才发明，因此应重视年轻人才的特殊作用，大力激发年轻人的创新思维。鼓励年轻人勇敢创

---

① https://baike.so.com/doc/5418362-5656525.html

新而不惧怕失败，营造鼓励创新和宽容失败的社会氛围，即使失败了也是创新的源泉，是经验的积累，是成功之母，唯此，才能激发年轻人敢于创新的冲劲。这些都需要良好的创新激励和竞争机制。

广州应建立鼓励创新、宽容失败的制度氛围，鼓励原创性创新活动。另外，进一步从奖励基金、创新补偿基金、创新科研启动、租金减免、知识产权支持和企业评价等方面完善激励机制。广州的良好区位条件及优秀的科教人才资源条件可促进创新中心城市的有序建设，从而跻身可参与海内外竞争的前沿位置。因此，广州应建立开放、包容、公平和市场化导向的创新竞争环境。通过市场、企业和产业的竞争促进创新活动的健康发展，营造敢于创新、不畏失败的创新文化氛围，推进创新人才集聚和创新产业的发展融合，推动创新企业在竞争与协作过程中快速发展壮大，促进产业结构优化调整和发展方式的有效转变，从而提升广州的核心竞争力（荆菊，2015）。

（二）完善评价和监督机制

为了完善科技创新枢纽的评价机制，广州应重点在创新活动的监测和评价两方面开展工作。主要监测和跟踪评价高科技企业数量、孵化器培育企业数量、科研开发经费的投入比例、创新成果转化率和创新环境的营造等方面的指标，通过定性评价和定量分析相结合的方法，对同一创新活动的短期、中期和长期进行检测评价，及时掌握科技创新中心城市建设的发展进程，发现创新中心城市建设过程中隐藏的缺陷和不足，从而及时和有针对性地解决问题、弥补缺陷，更好地推进科技创新枢纽城市建设。此外，广州应健全信用评价机制，做到守信激励、失信惩戒，充分发挥市场竞争从而激励创新，营造公平公开公正的创新环境（杨勇华等，2013；马蓉蓉和周凤婷，2016；李三虎和洪雨萍，2017）。

为了更好地推进广州创新中心城市的建设，应进一步完善各部门各行业的监督检查和考核机制，定期开展相关督查工作，将创新驱动发展的责任目标明确落实到各部门，对责任目标完成情况进行考核。加快法治社会

建设，落实重大行政决策合法性的审查制度、责任追究制度和责任倒查制度等，依法强化监督部门的执法、监督和检查权力，促进监督部门的公正性及权威性，在全社会营造良好的监督氛围和监督习惯。加强政府对全社会科普工作的统筹力度，做好全市科普工作的综合协调、政策引导和监督检查。

（三）适时探索对现有体制机制的改革完善路径

现阶段，创新发展深层次体制机制的不完善、思想观念不活跃等因素制约广州创新研发成果的推广运用和产业化转化效率，从而制约广州创新中心城市的建设和发展。因此，广州明确科技创新城市的发展定位，设定高标准的创新城市目标，加大财政对科技经费的投入力度，深化相关创新体制改革，完善企业创新创业的良好投资环境，激发社会创新活力。同时应加强科研院所的改革，大力加快改革创新的步伐，在重要领域进行试验革新，更注重研发与企业产业需求的无缝对接，强化对高新技术的转化和企业孵化培育的服务，推动传统研究机构的转型升级（路平，2016），加快科技体制改革和政策创新，促进各资源要素的流动和协作，最终提升广州作为创新中心城市的自主创新能力及城市综合竞争力。

为了促进创新中心城市的快速、健康和有序地建设，广州应完善科技创新治理机制，各部门分工明确又相互协作，保证创新活动有效进行。还应完善科技成果转化机制，赋予高校、科研机构在科技成果产权的合作、转让或投资等方面拥有自主选择和决定的权利，推动技术成果的转化效率。同时，依据国家和广州市在创新发展领域的相关法律、法规和政策，进一步完善广州科技创新政策体系，建立符合国际规则的创新产品支持和服务政策。还应完善科技、财政和金融方面的专业服务能力，使创新企业能够更快更好地获得资金支持与投入，实现广州创新能力的持续提升。

五、优化创新环境

广州应着力在法治环境、创业环境、文化与社会环境以及教育与宜居环境等方面进行优化提升，进而打造良好的创新环境。

（一）优化法治环境

广州应进一步完善创新法规体系，围绕广州建设创新中心城市和国家创新中心城市的目标，依据国家、省的法律、法规和政策，加快制定创新城市领域的法规和规章。完善地方政策，根据社会创新发展特征，构建完善的法规体系，把创新城市建设纳入法制化、规范化轨道（广州市科技和信息化局，2011），为建设国家创新城市提供法律保障，营造对创新产业发展有利的良好法律法规环境（广州市科技和信息化局，2011；刘慧琼，2016）。

（二）优化创业环境

广州应重点完善创新领域的公共政策和金融政策。依据国家、广东省关于加快促进科技创新的法律、法规和政策，优化科技创新方面的相关政策体系，建立符合国际规则的创新产品支持和服务政策。出台相应的科技发展政策，加快政府的职能转变，完善执法部门与监督部门的管理机制，加快法治社会的建立，提升城市公共创新服务水平，强化城市自主创新能力。对城市创新资源进行优化管理统筹，同时发挥政府引导作用和市场调节作用，从而提高科学技术创新能力和创新成果转化效率（杨勇华等，2013；刘明广，2014；刘慧琼，2016；佚名，2016）。制定和完善地方金融政策，积极推动落实国家财政、税收、金融和采购等政策创新，依据高科技创新企业的行业特点，制定利用创新产品直接融资或者形成合作联盟的政策，加大融资渠道，形成具有特定性质的不同于其他原有金融产品的全新金融体系。重点在科技投融资、采购、财政和税收等方面形成创新激励机制，加强科技创新经费的投入，大力支持企业创新活动，完善创新政策环境（广州市人民政府，2011；杨勇华等，2013；荆菊，2015）。广州应开展创新创业信息推送服务，掌握创新前沿信息，网罗创新领先技术和人才，拓展国际创新合作渠道。加快推进高校和科研院所的研发设施、研

发服务和研发信息面向社会开放共享，服务城市的科技创新活动。此外，广州应逐步形成一套公正、权威且能够被大多数科技创新型企业接受的创新企业信用评价体系，建立创新企业信用信息平台，最终实现创新知识和发展信息等要素的高度聚集，提升广州创新能力。

（三）优化文化与社会环境

广州优良的区位条件和经济优势与人才资源促使广州具有开放包容的文化氛围。广州应进一步充分聚集海内外众多的创新资源，推动形成追求科学、追求平等、崇尚自由和鼓励创新的文化氛围，使国内外先进科学创新理念拥有自由发展的空间，从而为创新活动营造良好的氛围环境基础。同时应创造良好的创新生态环境，完善创新创业体系，支持科技金融产业相融合，努力营造敢于创新不惧失败的文化氛围，形成全民创新创业的社会氛围，从而提升城市的文化品位（刘慧琼，2016；马蓉蓉和周凤婷，2016；张光宇等，2016），进而提高城市的创新能力。积极倡导勇于创新、敢于创业的创新文化，进一步充分聚集海内外众多的创新资源，推动形成追求科学、追求平等、崇尚自由和鼓励创新的文化氛围，使国内外先进科学创新理念拥有自由发展的空间，从而为创新活动营造良好的氛围环境基础。同时应创造良好的创新生态环境，努力营造敢于创新不惧失败的文化氛围，形成全民创新创业的社会氛围，充分释放全社会创新创业潜能，在更大范围、更高层次和更深程度上推进大众创业、万众创新。争取在创新型产业、创新技术、学术交流、知识产权、人才交流和技能培训等领域创办全球性技术论坛或会议，开展全球性的创业培训活动，形成具有国际影响力的系列会议品牌。

（四）优化教育与宜居环境

加快国际一流高等院校建设，采用设立分校、联合办学等多种形式吸引国际著名高校入驻广州，进一步提升广州市的高等教育水平。进一步增强职业教育的专业化水平和教育质量，为广州市产业创新提供技术人才支撑。进一步增加优质中小学的数量，优化优质中小学的空间布局，进一步提升义务教育阶段的教育环境，保障创新人才子女可获得优质的义务教育，解除其后顾之忧。进一步改善广州市居住环境，提升居住品质。通过各种措施加快人才住房和保障性住房建设，降低创新人才的居住成本。加大住房供应，缓解高房价预期，从房价角度进一步提升城市的吸引力。优化公共服务设施和基础设施的空间均衡化配置，完善郊区和各类高新区、开发区、产业园区的配套服务设施，提升其公共服务水平，进一步吸引创新人才入驻。

六、强化创新服务

提高科技创新服务能力，集中发展科技服务业，扩大科技创新服务机构的规模，提高专业化服务水平，集聚高端科技创新服务人才，重点强化创新交易、科技创新投资、知识产权、标准体系、审计评估、科技法律和品牌运营等领域的创新服务能力（路平，2016）。

（一）加强创新交易服务

创新交易指创新创意交易或创新成果的交易，是具有高附加值的服务业。客户可以根据自身需要，通过平台购买创意，成为此创意的第一发明人，购买创意的客户可以向相关部门提起专利申报，从而获得国家专利证书。[①] 或者客户通过创新交易平台购买或代理创新成果，为客户提供价值增值服务。

广州应着重推动中国创新创业成果交易会和中国海外人才交流大会的成果展示与交流平台建设，建立交易、人才交流和学术研讨等一体化的创新合作平台，积极与巅峰论坛实现无缝对接，引进高端创新资源，支持高等院校、科研机构和企业在产学研结合的导向下开展国际性学术交流活动，

---

① https://wenku.baidu.com/view/c3068f42e45c3b3567ec8b74.html

支持科技创新成果产业化的投资新机制，建立科技成果交易补助制度，推动创新交易公平有序的进行，最终提高广州科技创新服务能力（杨勇华等，2013；广州市人民政府，2016）。

（二）完善科技创新投资服务

科技创新投资服务是指把资本投放到科技产品的研究开发过程中，并促使技术成果在最短期限内落地转化成创新产品，实现产业化和规模化生产，从而获得高收益、高回报的投资过程。这是以研发和高新技术为基础，针对技术知识密集型产业的投资服务。[①]高科技创新企业通常选择自主创新的金融机制，即风险投资，此机制可以满足企业的融资需求。

广州应创造良好的投资环境，降低企业投资风险，尽量减少投资公司和高科技公司投资的成本负担，对高科技企业及投资公司设立一定的补偿机制。建立政府资本为引导、市场资本为主体的风险资本筹集和循环机制（荆菊，2015）。同时，政府应建立特定的担保机制，提高高科技公司的信用等级，使科技创新企业更容易获得银行贷款，提高企业和银行投资高科技的积极性，促进创新中心城市的建设。此外，可依托广州市科技金融综合服务中心，建立和完善科技投资服务平台，推动科技金融投资信用体系建设，开展多种投资服务信息对接平台和培育孵化中小型科技创新企业等科技金融投资服务（广州市人民政府，2016）。

（三）推进知识产权服务

知识产权服务指对各项商标、版权和专利等的申报、登记、鉴定、评估、认证和检索等活动，这项服务不但含有法律层面的服务，也包含了专业技术方面的服务。[②]专业的产权服务可以促进企业创新。企业通常与专业的产

---

① https://baike.baidu.com/item/%E9%A3%8E%E9%99%A9%E6%8A%95%E8%B5%84/154499?fr=aladdin

② https://baike.baidu.com/item/%E7%9F%A5%E8%AF%86%E4%BA%A7%E6%9D%83%E6%9C%8D%E5%8A%A1/4757296

权服务机构合作，大力发展产权市场化服务。相关单位和企业可设立专门的知识产权管理机构，支持在线知识产权服务平台建设，这可以比较全面准确地掌握相关领域的知识产权信息，针对信息制定合理的知识产权战略，有效避免知识产权受到侵害，并在权利受到侵害时可及时获得有效保护。

广州应加快建设知识产权服务业集聚发展试验区，通过改革试点，实现对知识产权的运用和保护，促成重大经济科技活动知识产权评断，健全有利于开放式创新的知识产权政策导向机制（荆菊，2015；广州市人民政府，2016）。应重视知识产权和创新人才之间的协调作用，加强科技研发与转化，注重知识产权保护和人才引进与培养，推进知识产权枢纽城市建设（广州市人民政府，2016）。重点支持广州市知识产权的创意服务、设计服务、代理服务、审查服务、纠纷服务、法律服务、评审服务、评估服务、转让服务和融资服务等业态，推动知识产权集群化发展。从政府管理服务角度出发，完善广州市知识产权在创造阶段→管理阶段→保护阶段→运用阶段的全产业链体系保障模式。此外，应着重加强知识产权信息平台的建设，提升广州市知识产权信息资源的收集、加工、整合、分析能力，保障企业和个人获得完整、准确、及时的知识产权信息，建设更具综合性和时效性的知识产权信息服务平台（刘菊芳，2012）。

（四）完善标准体系

标准体系是将一定范围内的众多标准按某些潜在关联整合成为有机整体的系统，是由多个相互区别的标准有机集合的综合体。标准体系针对特定的目标，具有一定的可分解性，同时能够适应特定的环境条件，体系内个体相互联系又相互作用，相互制约且相互依赖。①

广州应制定相关的政策条例来推动完善标准体系建设，推进实施广州标准体系框架及标准修订路线图计划，支持组建区域、产业标准联盟，以

---

① http://baike.sogou.com/v84738.htm?fromTitle=%E7%9F%A5%E8%AF%86%E4%BA%A7%E6%9D%83

实现相应产业发展的标准化和质量优化。推进广州国家技术标准创新基地建设，推进技术标准的转化实施及产业化进程，引导和鼓励全社会重视技术标准的创造与实施（广州市科技和信息化局，2011）。此外，广州还应加强标准研制和推广，建立健全标准体系，积极开展各等级标准的制定，加快建设互联网标准体系的认证平台，从而使广州建设成为具有高标准高等级的高新技术产业服务业集聚区（广州市人民政府，2016）。

（五）强化审计评估和科技法律服务

支持设立科技创新审计评估专业化服务机构，提升对科技成果的审计与评估服务能力。通过相关政策，引导和加强科技法律服务机构建设，增强科技创新领域的法律服务和法律保障能力，为广州市创新活动提供优良的法律服务保障。

（六）鼓励品牌运营

品牌运营是指企业利用、营造强势品牌的前提下，最大限度地发挥强势品牌的延伸渗透功能，使无形的品牌资产最终有形化，从而实现企业的长足发展。企业在市场上的竞争力很大程度上直接取决于企业能否拥有自有知名品牌。① 品牌运营是企业和消费者之间相互依赖、相互影响和相互作用的产物，使消费者很好地辨认和区别不同产品和服务。由于市场竞争日益激烈，品牌的价值很大程度上直接决定了企业之间的竞争力。

广州应大力实施创新产业的品牌战略，鼓励自主创新品牌，支持企业培育国际品牌（广州市人民政府，2016）。政府应增强创新科技领域的品牌宣传推介，运用信息技术促进品牌传播，从而将自主创新品牌推向更广泛的区域，增强相关企业的国际竞争力，为创建创新中心城市提供一定的基础。

---

① http://baike.sogou.com/v622655.htm?fromTitle=%E5%93%81%E7%89%8C%E8%BF%90%E8%90%A5

七、嵌入创新网络

广州作为珠三角创新网络中心，应通过信息、知识、人才和产业等途径连接全国创新网络和嵌入全球创新网络，同时，优化广州市内部各创新载体间的创新网络。

（一）稳固广州在珠三角创新网络中的中心地位

广州应继续稳固在珠三角中心城市的地位，完善交通基础设施网络枢纽和信息基础设施网络枢纽建设，加强创新服务枢纽建设，强化公共服务能力，形成珠三角创新要素集散地。加强珠三角区域协作的创新机制，实现重大科技创新服务平台和基础设施的资源共享，加速高科技人才资源、科研技术、经费投入和网络信息等资源的有效合作，加快科学研究开发的步伐（广州市人民政府，2011；邢定钰，2012），进一步发挥广州作为珠三角地区对外创新联系的门户城市和中心枢纽城市的作用，打造珠三角地区创新高地和创新汇聚—辐射中心。

（二）连接全国创新网络

注重建设创新供需平台，与全国创新要素进行对接，增加创新成果交易的机会。推动创新成果与专业技术的确权，并与全国其他地区开展创新技术与知识的产权交易。加大举办全国性产业创新论坛沙龙，借助全国知识与创造力，为广州创新关键难题寻求解决方案。加大与全国科技金融服务的连接，为广州创新创业活动打通资金通道。进一步提升国家交通枢纽城市建设，为创新实体的流动提供交通基础设施支撑。通过上述方式进一步将广州连接到全国创新网络中，并成为全国创新中心城市之一。

（三）嵌入全球创新网络

一方面，借助粤港澳大湾区国家战略的机遇，紧密与港澳联系，促进与香港和澳门的创新要素联系，形成创新要素自由流动的局面，借助港澳

的国际化优势，嵌入全球创新网络。另一方面，广州自身应进一步提升国际化水平，发挥产业创新特色和会展等服务业优势，建立符合国际规则的创新产品支持和服务政策，从高等教育、产业研发和人才流动等方面切入，在先进制造业、服务业、会展业、金融业、知识产权和文化创意等领域嵌入全球创新网络。

（四）优化广州市内部创新网络

加强广州市内部各创新主体间的合作联系，构建完善的创新空间网络、创新人才网络、协同研发网络和公共服务网络。进一步增强大学、科研院所、企业、中介组织、政府、金融机构和知识产权机构的联系，形成高效运转的联系链条，构建"核心—节点"相互交织，多层次多领域的创新网络格局，实现协同创新。

第二节　广州建设创新中心城市的驱动模式

根据广州建设创新中心城市的现实条件、发展目标和发展路径，建议广州采用"科技创新驱动＋工业创新驱动＋管理创新驱动＋服务创新驱动"的"四轮驱动"模式推动广州建设创新中心城市（见图6-2）。其中科技创新驱动主要是要发挥和强化企业、高等院校、科研机构和军工企业在配置科技创新资源中的作用推动创新；产业创新驱动主要是依托高科技含量高、具有高增值性、低能耗和低污染的新兴企业和高新技术企业引领产业创新，同时促进传统产业的企业进行技术升级和附加值提升；管理创新驱动是依托政府引导和政策引领支撑创新，进而打造优良的创新创业环境、法治环境和社会环境；服务创新驱动是依托生产性服务业、现代服务业和科技服务业保障创新，为创新活动的各个环节提供服务保障，并形成强大、完善的创新服务产业链。

第六章 广州建设创新中心城市的实现路径与驱动模式

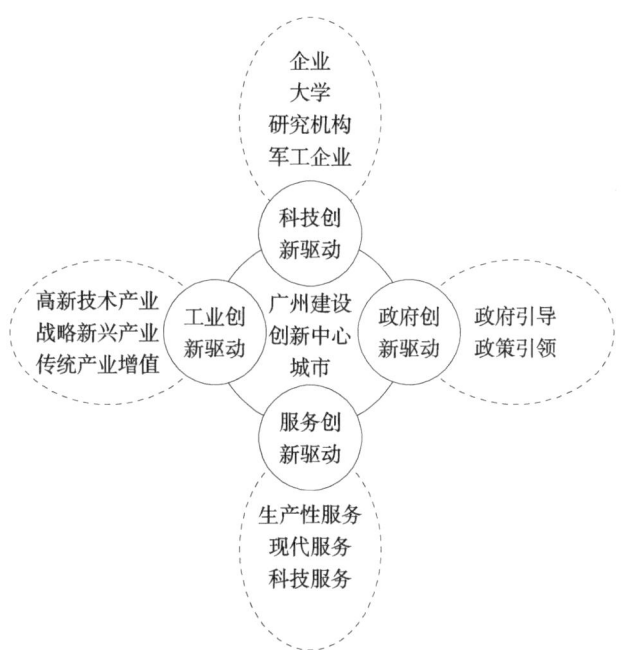

图 6-2 广州建设创新中心城市的建设模式示意图

一、科技创新驱动

在知识经济时代的背景下,科技创新已成为重要的战略性基础资源,这改变了自然资源、资本等传统生产要素对经济发展的影响,逐步成为核心动力并拉动经济增长(王蓓等,2011)。因此世界上许多国家已经将科技创新视为重大发展战略。我国提出建设创新型国家之后,许多地区开始提出发展创新型经济的战略需求。有学者认为,科技创新是把科学技术发明和发现应用到生产体系之中,是创造新价值的一种过程。新经济理论认为,知识生产已经成为经济持续增长的源泉,技术的进步和创新能力是一个国家经济发展的推动力,科技创新是调整产业结构的动力,是产业结构和主导产业变更的主要标志,科技水平也成为衡量区域竞争力的重点。同时以知识经济为主导的科技创新水平逐渐成为判断区域经济发展水平的重要指标,科技差距常被作为解释区域经济差异现象的重要因素,其强弱也

创新中心城市建设的理论与战略：基于广州的实证研究

逐渐成为判断一个区域科技实力和创新能力的重要尺度。科技创新的标准应该是判断其是否投入市场、转化为新的产品和服务或创造出新的价值。最终建成以创新为主要驱动力，以知识人才为依托，以新技术和新产品为着力点的科技创新型经济。在科技创新的发展过程中，企业是创新主体。但企业创新所需的知识、技术等要素不能全靠企业自行解决（陶雪飞，2013），还需要科研机构、高校为企业提供较高水平的科学技术的支持。广州实现科技创新驱动的具体路径如下。

（一）发挥企业在配置科技创新资源中的作用

广州市建设创新中心城市需要确立企业的主体地位，加强企业产学研的结合，提高企业的创新能力，培养一批创新型企业。推动建立国有企业技术创新考核标准，促进中小企业的科学技术创新，发展以创新为导向的产业集群。通过建设创新功能区、高科技园区、企业加速器、企业孵化器、众创空间、工程研发平台、公共技术平台和创新服务平台等多种创新平台，进一步支撑企业的创新活动，推动企业快速发展，进而促进高科技创新技术的转移，实现高科技创新资源的共享，对高科技企业发展产生助推和加速的作用力，形成优良的创新环境。构建"众创空间—孵化器—加速器—科技园／创新功能区"+"工程研发平台、公共技术平台、创新服务平台"的创新创业孵化与加速成长链条，最终提升广州市的创新能力。

（二）发挥高等院校在配置科技创新资源中的作用

广州市的高校能够吸引广东省、华南地区乃至全国及海内外的人才。广州应立足本地，利用先进人才，加强对青年创新人才的培养，强化高校在创新中的源头作用，加快高校产学研基地的建设，开展有国际影响力的学术交流论坛，发挥高校在配置科技创新资源中的作用。广州应进一步完善广州大学城、五山和龙洞的建设，借助高校区域集聚优势，加强高等院校之间科技创新交流。在此基础上，建设国际创新城，发挥大学城对高等院校集聚的作用，支持创新中心城市建设。

（三）发挥科研机构在配置科技创新资源中的作用

广州应进一步发展科研机构，构建创新人才高地，加强高层次人才的培养与引进力度，吸引一批紧跟世界前沿科学技术的专家团队。加强科研中心内部建设，实施创新团队与领军人才引进计划和青年创新人才培养计划，建立科研机构的人才驿站，对创新人才加大激励和奖励力度，增强科研机构活力。科研机构的研究重心应该更注重倾向于其重点研发领域，集聚全球创新资源，通过科研成果促进新技术和新产品的诞生，以此加强广州的科技创新能力。

（四）发挥军工创新带动民用创新的作用

广州应发挥军工创新能力较强的传统优势，加快推进军民融合。寻求军工创新与市场需求的紧密结合点，发挥军工企业的优势，以军工创新能力来研发民用应用领域，采用军工创新带动民用创新的发展思路，进而带动广州市整体创新能力的提升。

二、工业创新驱动

工业是现代国家的命脉，是国民经济的基础，也是国家经济安全的保证，能够推动经济和社会的发展，提升综合国力。创新是工业自身发展的要求，也是不断提高综合国力的必然选择。随着知识经济时代的到来和全球化、区域一体化进程的加快，各国经济往来更加频繁，作为我国经济发展战略的必然要求，工业只有提高核心竞争力才能在地区间或国际间竞争中脱颖而出。所以要依靠科技、人才的竞争，实施工业的全面创新，实现工业的跨越性可持续发展，以此推进国家工业化进程和新型城镇化建设。工业创新和技术进步对经济增长起到了关键的作用。一些国家因为对知识生产部门的投资不够导致其被困在低水平增长路径上无法起飞。现今，创新和制造技术逐渐成为经济发展的核心动力，也表明了创新推进产业升级和工业进步成为我国经济发展和工业发展的重要路径。工业企业应该加强

工业与服务业的融合、工业与创新的融合，加强自身产品竞争力与盈利水平。在发展工业创新的过程中关键要发挥自主创新能力，加强关键技术和核心品牌的建设。广州实现产业创新驱动的具体路径如下。

（一）推动高新技术产业发展

广州应加速发展以信息技术、生物技术和新材料技术为代表的高新技术产业。依靠国内国际的经验，依托先进技术和高科技，加快高新技术产业园的建设，支持广州建设科技企业孵化器，开拓科技园新的发展模式，加速发展产业创新集群，加快科技创新示范区和体制创新试验区的建设。利用现有的产业园及相关优势和机遇，继续吸引高新技术企业入驻，为其发展提供政策、基础设施等方面的支持。发展知识密集型和技术密集型的经济实体，发展以创新技术为引领的高增值产业，将科技成果转为现实生产力，并应用在社会生产之中。

（二）支持战略性新兴产业发展

战略性新兴产业体现在知识经济、循环经济以及低碳经济等领域，未来潜力巨大。广州要促进战略性新兴产业的发展，建设高增值性、低能耗和低污染的新兴产业体系，集中资源发展新一代信息技术、生物与健康、高端装备制造、新材料、新能源与节能环保和节能与新能源汽车等产业，通过新兴产业的发展带动相关高技术产业的发展。

（三）促进传统产业结构升级和附加值提升

汽车、船舶和装备制造业等传统优势产业在广州占有举足轻重的地位，是广州经济发展的基石。广州应顺应产业发展趋势，大力提升改造优势传统产业，在保持优势的同时顺应时代的发展，引进高新技术。推动传统产业向"智能制造、互联网＋、绿色制造"的方向发展。要依托传统优势产业，大力推进高新技术在这些产业上的应用，提高生产效率和生产水平，以此促进传统优势产业结构升级，提高产业附加值，由"广州制造"向"广州智造"和"广州创造"转变。

三、管理创新驱动

面对信息化和全球化时代的机遇与挑战,越来越多的国家及政府开始对政府机构的职能和权利进行创新和改革,使得政府的职能和功能符合当今社会的发展需求。城市政策的管理创新要在现有基础上制定新的管理理念和方法,对传统的管理方法和模式进行改进,以进一步提升社会、经济和生态效益。管理创新可以展现当地政府的政治、经济和文化活力,使社会资源能够得到更优化配置,通过管理创新实现可持续发展。实施管理创新驱动能够有效地回应群众和社会上的实际问题,吸引创新要素汇聚,改善城市创新环境。同时,对政府管理进行改革、创新,有利于城市逐步实现建设服务型政府的目标。管理创新应该强调政府要实施更有效的管理机制和管理方法,进行科学管理,发挥地方政府官员的积极作用。推动管理创新是建设创新中心城市的必然要求,因而需要完善有效的创新管理机制。在管理创新的过程中,政府是管理创新的实施者和管理者,政府可以通过自身职能的转变和升级加强管理创新,也可以通过颁布一系列政策条例改善创新环境,以实现管理创新。广州实现管理创新驱动的具体路径如下。

(一)通过政府引导推动创新

广州实施管理创新驱动,必须要发挥政府的引领作用,创造或完善创新机制,优化全市的科技发展模式,改善创新投资环境。定期召开协调会议,加强统筹协调,完善顶层设计,研究制定创新中心城市过程中的基础性、支撑性、政策性和服务性的重大问题。引导加强科技工作管理队伍建设,优化科技行政管理机构设置和人员编制。政府要科学把握创新发展方向,支持创新型产业和高技术产业发展,提高政府管理服务水平,引导企业创新,为企业和社会提供更优质的服务。充分激发各级相关部门的创新活力和能动性,做好创新发展工作的监测、考核与评价,提升科技创新治理能

创新中心城市建设的理论与战略：基于广州的实证研究

力和水平，进一步体现服务型、创新型政府的能动性和主动性，以此建设创新中心城市。

（二）通过政策制定引导创新

广州市委、市政府先后颁布了《广州市科技创新促进条例》《广州市信息化促进条例》《广州市创新型城市建设总体规划》《广州市建设国家创新型城市试点工作实施方案》《广州市人民政府关于加快科技创新的若干政策意见》《广州市科技创新第十三个五年规划》《广州国家自主创新示范区建设实施方案》等相关政策和文件。未来还应继续根据创新城市建设需要，制定更加全面、完善和具有竞争力的创新城市发展相关政策。进一步加强创新链各个环节政策之间的协调和对接，形成对广州产业链、服务链、资金链和创新链有效支撑的政策链体系。根据广州市建设创新中心城市的目标和需求，基于科技创新发展的客观规律和政府职能定位，整体完善广州市科技计划项目布局，形成更为有效的科技计划项目体系。推动改善广州的创新环境，扶持科技企业，吸引创新人才，为各类创新要素的进入提供优惠的政策支持，增强城市吸引力。通过相关政策的实施，促进广州市创新能力的提升。

四、服务创新驱动

服务业是衡量国家发达程度的重要指标。随着国家或地区经济的发展，服务业在经济发展中的地位逐渐提升，对经济的贡献程度也越来越高，逐渐成为经济发展的高端部门，服务创新开始受到重视，成为经济创新体系中的重要组成部分。服务创新是服务业可持续发展的核心源泉，能够提升城市自身竞争力，是促进服务业发展的动力。服务企业在服务创新中起到了关键的作用。实现服务创新的目的是为目标顾客提供更精准的服务，使其能够创造更大的价值。在服务创新过程中，要重视传统产业的潜在收益，提供相应的信息和技术支持，正确制定实施服务创新战略。这有利于创新模式的优化，也有利于重新激活传统产业的发展。服务创新能够优化和延长整个生产链条，提高产业的附加值，提高服务业的整体效率和水平，促进城市综合实力的提升。实现服务业创新，要在服务业的全过程实现创新，涵盖整个服务链，以此提高服务质量和服务效率，扩大服务范围。广州实现服务创新驱动的具体路径如下。

（一）依托生产性服务业保障创新

生产性服务业的发展有利于广州传统产业（如交通运输、物流等行业）提高生产效率，促进其增长率进一步提高。依托广州现代商贸服务业的优势，寻求现代商贸与科技创新相结合的发展路径。通过承包非核心业务，进而减少新兴产业（如金融、信息等行业）的生产成本，使其向专门化方向发展，以此来保障创新中心城市的建设。

（二）依托现代服务业推动创新

现代服务业具有知识要素集聚、产出附加值高和低碳可持续等特点。广州应加快现代服务业的创新发展，大力发展软件和信息服务业等信息产业，着力发展科技服务业和外包服务业，建设华南地区信息产业集聚中心，要大力提升服务业的创新能力，重点在现代物流、金融、会展和商贸等服务行业提升整体水平和创新能力。着力构建多层次、多渠道和多元化的现代服务业体系，进一步推动广州创新型产业的发展。

（三）依托科技服务业促进创新

广州应着力推进以科技信息、科技贸易和科技金融为主导的科技服务业发展。同时，注重完善科技设施和企业孵化器的建设，打造完善的科技服务业产业体系，实现科技、产业和服务的深度融合发展，为创新中心城市建设提供科技服务保障。

第三节 广州建设创新中心城市的政策与保障措施

从创新人才、创新企业、科研机构、高等院校、金融机构、中介机构和政府机构七个方面提出广州建设创新中心城市可以建设完善的政策领域。进而从组织保障、政策保障、平台保障、空间保障、资金保障和人才保障六大方面提出广州建设创新中心城市的保障措施。

一、广州建设创新中心城市的政策

从创新中心城市构成的七要素出发（方创琳等，2013），对创新的实施者——创新人才、创新的实现者——创新企业、创新的推出者——科研机构、创新的维护者——高等院校、创新的激发者——金融机构、创新的加速者——中介机构和创新的保障者——政府机构七大方面提出其发展和提升的政策建议，并构成创新中心城市建设的"政策网络"，共同助推广州加快建成创新中心城市。

（一）创新人才吸引政策领域

建议在建立国际人才税收优惠制度、打造全球人才大会品牌、放宽海外人才入境限制、实施全球英才招聘工程计划、试点对华裔高端创新人才实行签证便利政策、扩大人才绿卡适用范围、优化人才评价机制、推行重点创新领域人才支持计划和推动人才引进入户便利化等领域制定创新人才吸引政策。

（二）创新企业培育政策

构建支持创新型企业快速成长的政策体系、对创新型企业给予资金补贴、鼓励企业建设研发机构和增强企业研发经费投入后补助的力度等方面的创新企业培育政策体系。

（三）科研机构支持政策

可引进高端科技机构、加大扶持力度和增强对科研机构的配套政策支撑，在设立科研机构建设事后补贴机制、鼓励科研机构开展创新创业平台建设和支持科研机构的成果转化等领域制定支持科研机构发展的系列配套政策。

（四）高等院校发展政策

借鉴深圳《关于加快高等教育发展的若干意见》[①]的政策，广州应进一步学习深圳先进经验，在引进一批国际高水平大学、与境外著名高校共建特色学院、一流学科培育、引进和培育高水平师资和世界一流高职教育等方面大胆创新，赋予优惠政策，推动广州的高等教育发展。重点围绕上述领域制定高等院校发展政策。

（五）金融机构提升政策

参照2018年6月人民银行广州分行印发的《关于加强货币政策工具运用支持广州绿色金融改革创新试验区建设的通知》的政策内容，[②]并参照政协深圳市委员会《关于进一步推动金融支持深圳创新创业发展的有关提案》[③]的内容，广州应通过整合人民银行分支行各项货币政策工具的运用，发挥银行、证券市场、债券市场和投融资基金金融机构对创新投融资支撑功能，加强引导金融资源支持广州创新创业活动，解决企业创新创业融资难、融资贵的问题。可从支持小微企业贷款、完善支持创新产业全生命周期的多层次资本市场体系、建立鼓励创新企业发展的专项政府引导基金、鼓励符合条件企业在新三板挂牌上市或发行双创债、创新金融产品和服务、发挥广州国有金融资本在创新产业发展的带头作用和充分利用证券交易所市场等思路制定提升金融机构科技支撑能力的相关政策。

---

① http://www.sz.gov.cn/jyj/home/jyfw/fwxsjz/gdjy/zcfg/201610/t20161025_5012741.htm

② https://mp.weixin.qq.com/s?__biz=MzI0ODAwOTQyNg%3D%3D&idx=1&mid=2651109695&sn=f49387e88670ad7d9a943cd9b27e3d77

③ http://www1.szzx.gov.cn/content/2017-05/12/content_16207876.htm

（六）中介机构鼓励政策

继续贯彻落实广州市科技创新委员会2017年发布的《关于加快促进科技中介服务机构发展的若干意见》的有关政策[①]，发挥科技中介服务机构服务企业、提高企业科技创新能力的作用，进一步促进科技中介服务机构专业化、规范化和国际化发展鼓励中介机构孵化和发展，为广州市科技创新活动提供中介服务支撑。可从科技评估机构服务标准制定、科技中介服务机构信息公开制度制定、科技中介服务机构动态管理机制建立、技术转移转化机构鼓励、科技代理机构等特定机构发展、中介示范机构培育、科技中介服务能力提升、从业人员综合素质提高、科技中介服务机构信息库建立和科技中介服务联盟（协会）建立等领域制定中介机构鼓励政策。

（七）政府机构强化政策

严格贯彻落实《广州市科技创新第十三个五年规划（2016—2020年）》（广州市人民政府办公厅，2017），从优化政府科技部门管理职能、完善政府科技创新治理机制、健全科技创新资源配置的市场导向机制、建立协同创新的有效机制和完善科技成果转移转化机制等视角强化政府机构对广州创新中心城市建设的引导和管理，制定相关政策与制度。

二、广州建设创新中心城市的保障措施

从组织保障、政策保障、平台保障、空间保障、资金保障和人才保障六大方面提出广州建设创新中心城市的保障措施，以支持广州三大枢纽发展战略的顺利推进（见图6-3）。

---

① https://www.sohu.com/a/166300440_99953309

第六章 广州建设创新中心城市的实现路径与驱动模式

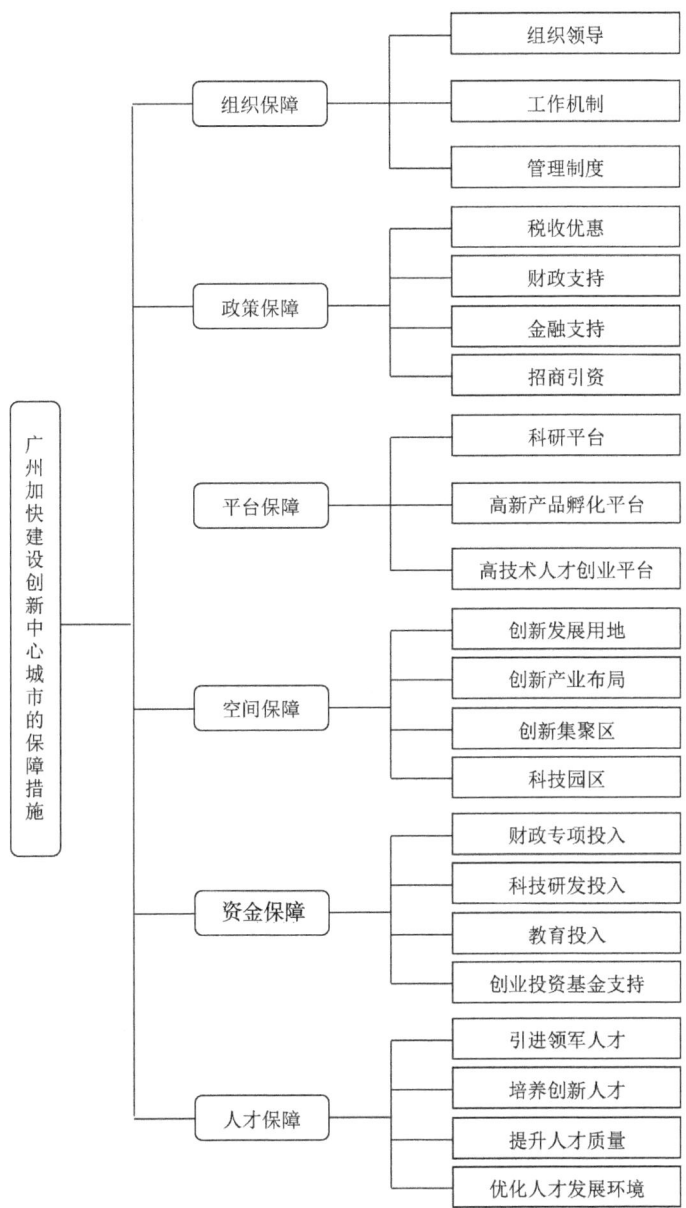

图6-3 广州加快建设创新中心城市的保障措施框架

其中,从组织领导、工作机制和管理制度方面提出组织保障措施;从税收优惠、财政支持、金融助推和招商引资方面提出政策保障措施;从科研平台、高新产品孵化平台和高技术人才创业平台等方面提出平台保障措

施；从创新发展用地、创新产业布局、创新集聚区和科技园区方面提出空间保障措施；从财政专项投入、科技研发投入、教育投入和创新创业投资基金方面提出资金保障措施；从引进领军人才、培养创新人才、提升人才质量和优化创新人才发展环境方面提出人才保障措施。

（一）组织保障

从组织领导、工作机制和管理制度方面综合保障。成立广州国家创新中心城市和国际科技创新枢纽城市建设领导小组。由市长或市主要领导担任领导小组组长，相关职能部门作为领导小组成员单位，负责全面统筹和推进创新中心城市建设工作。在市科创委设立领导小组办公室，负责全市建设创新中心城市工作的指导、督办、协调、检查和落实；建立和完善密切协作、相互支持、运转顺畅的创新中心城市创建的工作机制，将创新中心城市发展战略纳入广州市国民经济和社会发展总体规划及年度发展计划，将创新中心城市的重要行动计划落实工作纳入评价与考核范围；发挥科技顾问的决策支持作用，建立创新中心城市创建专家顾问委员会，为广州的城市创新驱动发展提供咨询和指导服务。

（二）政策保障

完善对创新型企业、创新型产业和创新活动的税收优惠政策。通过税收减免、税收返还等方式鼓励创新活动的开展；加大财政支持力度，构建鼓励原始创新和产业应用创新的"财政支持政策包"，激发创新活力和动力；积极推动银行与创新型企业合作，完善风险投资机制，发展多种形式的担保机构，建立创新型企业上市融资扶持机制，形成"政府＋企业＋社会"的多元化投融资格局。给予科技创新企业融资的优惠支持政策，探索利用上市、担保、投资基金和贴息等多种方式满足科技创新企业的投融资需求。加大对创新型行业、创新型企业的招商引资支持力度，从土地、税收和服务等多方面给予政策支持，建立以创新为导向的招商引资激励制度。

（三）平台保障

继续加大对现有科研院所、高校和重点实验室等科研平台在科研资金、设备和政策等方面的支持力度，出台更有竞争力的条件吸引国际高水平科研创新平台在广州落户或在广州设立分校（分院、分支机构）；继续培育本地高新技术企业成长，吸引具有国际竞争力和影响力的高新技术企业入驻，加大企业孵化器的孵化效率和能力，为高新产品的创造和产业化提供平台支持；继续出台优惠政策支持建设众创空间等多种类型的创新创业平台，为高技术人才创业提供平台保障。

（四）空间保障

在城市规划和城市用地管理基础上，以现有城市用地分类为基础，识别创新性质较强的发展用地，编制《广州市创新发展用地保障规划》，从空间管控制度上保障和预留创新发展用地，为创新机构、创新企业的落户创造条件；研究编制《广州市创新产业布局规划》，在全市域层面统筹优化创新型产业的空间布局；进一步明确创新集聚区、科技园区等空间载体，从用地和公共服务制度上给予创新活动空间支持，为创新中心城市的建设提供空间保障。

（五）资金保障

加强财政对科技研发和创新服务领域的资金投入。建立完善科技研发投入的稳定增长机制，推行财政对科技和创新服务领域投入的稳步持续增长计划，使得全社会研发投入占地区生产总值比重达到4%以上；完善创新活动相关资金投入和补贴机制；建立政府部门和行业协会相结合的资金保障与管理机制，提高资金使用效率；推行资金有偿使用、资金无偿使用、投资入股和事前备案事后补贴等多类型资金投入方式；进一步保障高校和科研院所的科教研发资金，引入市场化机制，提升社会资本投入科技教育的比重；建立高校和科研院所科研成果产业化推动基金，鼓励原创性科研成果的市场化和产业化；进一步鼓励发展创业风险投资行业，探索建立科技创投基金和科技银行，提高创业投资基金额度；各级财政部门设立专门的资金预算用于支持广州市创新发展战略的实施，引导财政资金和各类基金向科技成果产业化方向倾斜；发展和培育创业股权投资机构，加大对中小微企业在创新领域的资金支持力度。

（六）人才保障

由市委市政府及其相关部门制定广州市领军人才和创新人才的引入、培养与任用标准和政策体系，建立公平高效的领军人才和高层次创新人才的引进和培养机制；完善广州市选拔和培养学科带头人、行业领军人和首席科学家制度，充分发挥其高端创新人才的核心带头作用；优化创新人才柔性流动工作机制，吸引更多海内外高级人才通过项目合作、项目承包、短期聘用和技术服务等形式为广州市科技创新枢纽的建设事业服务；加大本地人才的培养力度，通过国际交流、短期培训和继续教育等多种形式增强本地人才的国际视野和技术水平，增强综合创新能力，提高人才质量；建立更具竞争力的人才管理制度，进一步完善突出贡献人才的奖励机制，激发创新人才的创造和工作热情；建立创新人才的科技创新保险机制、风险投资机制、政府补贴机制和住房保障机制等，进一步完善吸引人才入驻的创新创业环境。

参考文献

[1] Adner R, Kapoor R. Innovation ecosystems and the pace of substitution: Re-examining technology S-curves [J]. Strategic Management Journal, 2015: 37 (4), 625-648.

[2] Aydalot, PH, Keeble D. High technology industry and innovative environments. The European experience [M]. London: Routledge, 1988.

[3] Bathelt H, A Malmberg, P Maskell. Clusters and knowledge: local buzz, global pipelines and the process of knowledge creation [J]. Progress in Human Geography, 2004, 28 (1): 31-56.

[4] Bergek Anna, Marko Hekkert, Staffan Jacobsson, et al. Technological innovation systems in contexts: Conceptualizing contextual structures and interaction dynamics [J]. Environmental Innovation and Societal Transitions, 2015, 16: 51-64.

[5] Camagnir. Innovation network, spatial perspectives [M]. London: Belhaven press, 1991.

[6] Charles L. The Creative City: A Toolkit for Urban Innovators (1st edition) [M]. Earthscan Publications Ltd., 2000.

[7] Christian W M, Annette W S. The top-level global research system,

1997-99: Centers, networks and nodality--Ananalysis based on bibliometric indicators [J]. Urban Studies, 39 (5/6): 903-927.

[8] Coe N M, M Hess, H W C Yeung, et al. 'Globalizing' regional development: a global production networks perspective [J]. Transactions of the Institute of British Geographers, 2004, 29 (4): 468-484.

[9] Coe, N. Geographies of production I: An evolutionary revolution? [J]. Progress in Human Geography, 2010, 35 (1), 81‑91

[10] Etzkowitz Henry, Loet Leydesdorff. The dynamics of innovation: from National Systems and "Mode 2" to a Triple Helix of university‑industry‑government relations [J]. Research Policy, 2000, 29 (2): 109-123.

[11] Franco Malerba. Sectoral Systems of Innovation: Concepts, Issues and Analysis of Six Major Sectors in Europe [M]. Cambridge: Cambridge University Press, 2004.

[12] Hospers G J. Creative cities in Europe [J]. Intere-conomics, 2003, 38 (5): 260—269.

[13] Kashani Souzanchi Ebrahim, Saeed Roshani. Evolution of innovation system literature: Intellectual bases and emerging trends [J]. Technological Forecasting and Social Change, 2019, 146: 68-80.

[14] Lansiti M, Levien R. Strategy as ecology [J]. Harvard business review, 2004, 82 (3): 68-81

[15] Lee K, C S Lim. Technological regimes, catching-up and leapfrogging: findings from the Korean industries[J]. Research Policy, 2001, 30(3): 459-483.

[16] Martin R, Sunley P. Path dependence and regional economic evolution[J]. Journal of Economic Geography, 2006, 6 (4), 395‑437.

[17] Moore J F. The Death of Competition: Leadership and Strategy in the Age of Business Ecosystems [M].New York: HarperBusiness, 1996.

[18] Peter H. The future of cities [J]. Computers, Environment and urban systems, 1999, 23: 174–185.

[19] Pred A. City System in Advanced Societies [M]. London: Hutchinson, 1977.

[20] Schumpeter Joseph A. The Theory of Economic Development: An Inquiry into Profits, Capital, Credit, Interest and the Business Cycle [M]. Cambridge: Harvard University Press, 1934.

[21] Uyarra E. What is evolutionary about 'regional systems of innovation'? Implications for regional policy [J]. Journal of Evolutionary Economics, 2010, 20(1): 115.

[22] Uyarra Elvira, Kieron Flanagan. From regional systems of innovation to regions as innovation policy spaces [J]. Environment and Planning C-Government and Policy, 2010, 28(4): 681–695.

[23] Zhu Shengjun, Jin Wenwan, He Canfei. On evolutionary economic geography: a literature review using bibliometric analysis [J]. European Planning Studies, 2019.

[24] 柴浩放, 张庆文. 建设创新城市——北京世界城市建设的重点领域 [J]. 特区经济, 2013(1): 48–51.

[25] 陈媞. 创新型城市的形成机理及评价指标体系研究 [D]. 武汉理工大学, 2012.

[26] 陈衍泰, 孟媛媛, 张露嘉, 等. 产业创新生态系统的价值创造和获取机制分析——基于中国电动汽车的跨案例分析 [J]. 科研管理, 2015(S1): 68–75.

[27] 陈勇鸣. 上海离创新型城市有多远: 兼评上海市科教兴市统计指标体系 [J]. 党政论坛, 2007, (1): 37–39.

[28] 陈昭, 刘珊珊, 邬惠婷, 等. 创新空间崛起、创新城市引领与全球创新驱动发展差序格局研究 [J]. 经济地理, 2017, 37(1): 23–31.

[29] 代明, 张晓鹏. 基于DEA的中国创新型城市创新绩效分析[J]. 科技管理研究, 2011, 31(6): 6-8.

[30] 方创琳, 刘毅, 林跃然. 中国创新型城市发展报告[M]. 科学出版社, 2013.

[31] 方创琳, 马海涛, 王振波, 等. 中国创新型城市建设的综合评估与空间格局分异[J]. 地理学报, 2014, 69(4): 459-473.

[32] 辜胜阻, 杨嵋, 庄芹芹. 创新驱动发展战略中建设创新型城市的战略思考——基于深圳创新发展模式的经验启示[J]. 中国科技论坛, 2016(9): 31-37.

[33] 郭立新, 陈传明. 模块化网络中企业技术创新能力系统演进的驱动因素——基于知识网络和资源网络的视角[J]. 科学学与科学技术管理, 2010(2): 59-66.

[34] 国家创新体系建设战略研究组. 2008国家创新体系发展报告: 国家创新体系研究[M]. 北京: 知识产权出版社, 2008: 75-79.

[35] 韩江波, 蔡兵. 创新型城市: 核心要素模型和国外案例研究[J]. 创新, 2008, 2(4): 22-25.

[36] 韩丽, 吕拉昌, 韦乐章等. 任远广东城市创新空间体系研究[J]. 经济地理, 2010, 30(12): 1978-1984.

[37] 何颖. 创新型城市构成要素与模式探析[J]. 商场现代化, 2007(8): 228-229.

[38] 胡树华, 牟仁艳. 创新型城市的概念、构成要素及发展战略[J]. 经济纵横, 2006(8): 61-63.

[39] 胡钰. 创新型城市建设的内涵、经验和途径[J]. 中国软科学, 2007(4): 32-38.

[40] 黄河, 冯叶. 深圳: 创新城市是怎样炼成的?[J]. 中国中小企业, 2016(4): 30-32.

[41] 雷振丹, 李万明. 创新型城市评价指标体系的构建与实证研究——以新疆石河子市为例[J]. 新疆农垦经济, 2012(1): 70-78.

［42］李靖华，李宗乘，朱岩梅.世界创新型城市建设模式比较：三个案例及其对上海的启示［J］.中国科技论坛，2013，1（2）：139-146.

［43］李靖华，吕艳薇，常晓然.杭州创新型城市建设政策演变分析［J］.中国科技论坛，2012（8）：114-119.

［44］李琳，韩宝龙，李祖辉，等.创新型城市竞争力评价指标体系及实证研究——基于长沙与东部主要城市的比较分析［J］.经济地理，2011，31（2）：224-229.

［45］李其玮，顾新，赵长轶.创新生态系统研究综述：一个层次分析框架［J］.科学管理研究，2016（1）：14-17.

［46］李文江，周吉萍，李林军.建设现代化国际化创新型城市的深圳策略［J］.开放导报，2016（1）：44-48.

［47］李祖辉.长沙建设创新型城市的影响因素及发展路径研究［D］.湖南大学，2009.

［48］刘慧琼.广州成为国际城市创新领导者的可行性研究［J］.经营管理者，2016（25）：100-101.

［49］刘士林，盛蓉.上海建设国家科技创新中心城市析论［J］.中国名城，2017（1）：41-45.

［50］吕拉昌，李勇.基于城市创新职能的中国创新城市空间体系［J］.地理学报，2010，65（2）：177-190.

［51］吕拉昌.创新地理学.北京：科学出版社，2017.

［52］马海涛，方创琳，王少剑.全球创新型城市的基本特征及其对中国的启示［J］.城市规划学刊，2013（1）：69-77.

［53］毛艳华，蔡敏容.新常态下的中国创新型城市建设［J］.上海城市规划，2015（2）：12-16.

［54］梅亮，陈劲，刘洋.创新生态系统：源起、知识演进和理论框架［J］.科学学研究，2014（12）：1772-1780.

［55］钱维.创新型城市发展道路——美国典型城市转型经验和启示［J］.

改革与开放，2011（4）：16-19.

[56] 邱海明.构建高科技创新城市的战略路径研究——以成都市为例[J].城市发展研究，2008（1）：7-12.

[57] 司月芳，曾刚，曹贤忠，等.基于全球—地方视角的创新网络研究进展[J].地理科学进展，2016，35（5）：600-609.

[58] 汤进.创新型城市的建设途径——日本川崎市的经验和启示[J].上海经济研究，2009（7）：88-96.

[59] 汪馥郁，李敬德，文晓灵.产学研结合：创新城市必经之路[J].科技潮，2008（1）：27-30.

[60] 汪颖.建设全球领先的创新城市[J].科学发展，2016（1）：64-66.

[61] 王缉慈.创新的空间—企业集群与区域发展[M].北京：北京大学出版社，2001.

[62] 王仁祥，邓平.创新型城市评价指标体系的构建[J].工业技术经济，2008，27（1）：69-73.

[63] 魏亚平，贾志慧.创新型城市创新驱动要素评价研究[J].科技管理研究，2014（19）：1-5.

[64] 吴传清，龚晨.创新型城市评价指标体系设计：回顾与展望[J].统计与决策，2016（7）：68-71.

[65] 吴素春.中国创新型城市国际合作网络研究[J].世界地理研究，2013（3）：74-82.

[66] 夏天.创新驱动过程的阶段特征及其对创新型城市建设的启示[J].科学学与科学技术管理，2010，31（2）：124-129.

[67] 向清华，赵建吉.区域创新环境研究综述[J].科技管理研究，2010，30（13）：15-18.

[68] 谢攀.创新型城市指标评价体系问题研究[D].西安：西北大学，2008.

[69] 许治，邓芹凌.国家创新型城市创新能力的地区差异与收敛效应——

基于技术成就指数的研究[J].科学学与科学技术管理,2013,34(1):67-77.

[70] 薛合庸,谭鑫,肖培,等.石家庄市创新型城市监测评价方法研究[J].产业与科技论坛,2012(11):82-83.

[71] 薛艳.创新型城市建设综合评价研究——以江苏常州为例[J].常州大学学报(社会科学版),2014(4):64-68.

[72] 杨冬梅,赵黎明,闫凌州.创新型城市:概念模型与发展模式[J].科学学与科学技术管理,2006(8):97-101.

[73] 杨华峰,邱丹,余艳.创新型城市的评价指标体系[J].统计与决策,2007(11):68-70.

[74] 赵彦飞,陈凯华,李雨晨.创新环境评估研究综述:概念、指标与方法[J].科学学与科学技术管理,2019(1).

[75] 赵峥.国外主要创新型城市发展实践与借鉴[J].决策咨询,2011(1):87-92.

[76] 周元.中国区域自主创新研究报告(2006-2007):区域自主创新的理论与实践[M].北京:水利水电出版社,2007:115-119.

[77] 朱策.聚力打造众创空间 助推创新城市升级[J].安徽科技,2015(5):10-12.

[78] 邹乐乐,伏虎,皮磊,等.海外创新型城市构建中的治理转型及对我国的启示[J].中国软科学,2013(10):96-100.

[79] 杜德斌,段德忠.全球科技创新中心的空间分布、发展类型及演化趋势[J].上海城市规划,2015(1):76-81.

[80] 方创琳,刘毅,林跃然等.中国创新型城市发展报告[M].北京:科学出版社,2013.

[81] 倪鹏飞,马尔科·卡米亚,王海波等.全球城市竞争力报告(2017-2018)——房价:改变城市世界的力量[R].联合国人居署、中国社会科学院财经战略研究院、中国社会科学院城市与竞争力研究中心,2017.

[82] 杨长湧.新一轮科技革命发展趋势及其对世界经济格局的影响[J].全球化,2018(8):25-38.

[83] 陈洁民.新加坡发展知识经济的措施[J].经济纵横,1999,(4):50-51.

[84] 陈昭,刘珊珊,邬惠婷,等.创新空间崛起、创新城市引领与全球创新驱动发展差序格局研究[J].经济地理,2017,37(1):23-31.

[85] 华正伟.我国创意产业集群与区域经济发展研究[D].东北师范大学,2012.

[86] 季必发.国外创新型城市发展模式借鉴[J].杭州科技,2010(3):49-51.

[87] 李英武.国外构建创新型城市的实践及启示[J].前线,2006(2):49-51.

[88] 廖晓淇.借鉴美国科技创新和知识产权体系建设经验发展我国创新体系.[EB/OL] 2008-09-18.http://www.sipo.gov.cn/sipo2008/yl/2008/200809/t20080912_418061.html.

[89] 廖晓淇.美西地区科技创新和知识产权体系考察报告[J].中国软科学,2009(2):177-182.

[90] 刘硕,李治堂.创新型城市建设国际比较及启示[J].科研管理,2013(s1):58-64.

[91] 潘晶,郑海味.国外知识产权保护战略的经验借鉴[J].杭州科技,2011(3):58-60.

[92] 王洋.国家创新中心城市建设的国际经验借鉴[J].产业与科技论坛,2019.

[93] 肖奎喜,杨岩.纽约增强城市辐射力研究——兼论对广州的启示[J].城市观察,2013,27(5):54-63.

[94] 詹正茂,田蕾.新加坡创新型城市建设经验及其对中国的启示[J].科学学研究,2011,29(4):627-633.

[95] 郑友德.德国知识产权法的演进[J].电子知识产权,2010(10):56-58.

[96] 周晴,王洋.国际科技创新园区建设的经验借鉴及对广州的启示[J].产业与科技论坛.2018,17(7):255-256.

[97] 邹乐乐,伏虎,皮磊,等.海外创新型城市构建中的治理转型及对我国的启示[J].中国软科学,2013(10):96-100.

[98] Chu Honejay, Liau Churnjung, Lin Chaohung et al. Integration of fuzzy cluster analysis and kernel density estimation for tracking typhoon trajectories in the Taiwan region[J]. Expert Systems with Applications, 2012, 39(10): 9451–9457.

[99] Evans F C C . Distance to Nearest Neighbor as a Measure of Spatial Relationships in Populations[J]. Ecology, 1954, 35(4): 445–453.

[100] 北京市统计局,国家统计局北京调查总队.北京市2017年国民经济和社会发展统计公报[Z].2018.

[101] 第一财经研究院,复旦大学.中国城市和产业创新力报告[R].2017http://top.askci.com/news/20180104/135851115333.shtml.

[102] 段德忠,杜德斌,谌颖,管明明.中国城市创新技术转移格局与影响因素[J].地理学报,2018,73(4):738-754.

[103] 方创琳,刘毅,林跃然等.中国创新型城市发展报告[M].北京:科学出版社,2013.

[104] 广东省人民政府.珠三角国家自主创新示范区建设实施方案(2016—2020年)[J/OL].2016. http://zwgk.gd.gov.cn/006939748/201604/t20160425_652836.html.

[105] 广东省社会科学院,南方日报.中国城市创新指数[R].2016. https://www.ixian.cn/thread-870381-1-6.html.

[106] 广东省委省政府.广深科技创新走廊规划[Z].2017.

[107] 广州市人民政府.广州国家创新型城市建设总体规划(2011—2015年)[J/OL].2016.(http://zwgk.gd.gov.cn/007482532/201108/

t20110829_273864.html2011）．

[108] 广州市人民政府．广州市国民经济和社会发展第十三个五年规划纲要（2016–2020年）［J/OL］．2016. http：//www.gz.gov.cn/gzplanjg/fzgh/201603/daf192f4909f41438a2a22e0c5f02cfe.shtml.

[109] 广州市人民政府．广州市人民政府关于珠三角国家自主创新示范区（广州）先行先试的若干政策意见［J/OL］.2018. http：//www.gz.gov.cn/gzgov/s2811/201803/d7b570301a3c42dd89ff68bbd910978b.shtml.

[110] 广州市统计局，国家统计局广州调查队．2018年广州市国民经济和社会发展统计公报［R］．广州，2019．

[111] 路平．广州将打造国际科技创新枢纽［N］．广东科技报．2016-03-25．

[112] 倪鹏飞，马尔科·卡米亚，王海波等编著《全球城市竞争力报告（2017—2018）——房价：改变城市世界的力量》．联合国人居署、中国社会科学院财经战略研究院、中国社会科学院城市与竞争力研究中心联合发布，2017．

[113] 聂莉，曹可欣．知识产权与城市软实力［N］．中国知识产权报，2012-12-28．

[114] 全球化智库，西南财经大学发展研究院.2017中国区域国际人才竞争力报告［M］．北京：社会科学文献出版社，2017．

[115] 上海市人民政府．上海市科技创新"十三五"规划．［Z］.2016．

[116] 深圳市人民政府．深圳市可持续发展规划(2017—2030年)［Z］.2017．

[117] 首都科技发展战略研究院．中国城市科技创新发展报告2017［R］，2017. http：//www.cistds.org/content/details28_706.html.

[118] 田光进，沙默泉．基于点状数据与GIS的广州大都市区产业空间格局［J］．地理科学进展，2010，29（4）：387–395．

[119] 王洋，吴康敏，叶玉瑶．广州建设中国知识产权枢纽城市的实现路径［J］．城市学刊，2017，38（2）：62–65．

[120] 王洋,张虹鸥,吴旗韬.广州建设国家创新中心城市的模式选择及实施路径[J].城市学刊,2018,39(6):69-73.

[121] 王洋,方创琳,盛长元.扬州市住宅价格的空间分异与模式演变[J].地理学报,2013,68(8):1082-1096.

[122] 王洋,杨忍,李强,等.广州市银行业的空间布局特征与模式[J].地理科学,2016,36(5):742-750.

[123] 王洋,周晴,龚蔚霞.广州市建设国际科技创新枢纽的发展战略和实施路径[J].产业与科技论坛.2017,16(24):41-42.

[124] 王洋.广州建设中国知识产权枢纽城市的基础条件分析[J].产业与科技论坛,2017,16(9):103-104.

[125] 王洋.广州建设国家创新中心城市的战略路径[J].科技经济导刊.2018,26(19):206-207.

[126] 吴康敏,张虹鸥,王洋,等.广州市多类型商业中心识别与空间模式[J].地理科学进展,2016,35(8):963-974.

[127] 佚名.建设珠三角世界级城市群 广州建国际性综合交通枢纽[N].广州日报,2016-03-21.

[128] 佚名.《中共广州市委 广州市人民政府关于加快实施创新驱动发展战略的决定》政策解读[N].科技日报,2015-06-05

[129] 佚名.杭州国家创新型城市总体规划(节选)[J].杭州科技,2013(4):16-21.

[130] 佚名.印发广州国家创新型城市建设总体规划(2011-2015年)的通知.广州政报.2011-09-30.

[131] 张韡,周航.北京石墨烯领域发展研究[J].新材料产业,2016(10):5-8.

[132] 中国共产党广东省第十一届委员会第五次全体会议.中共广东省委关于制定国民经济和社会发展第十三个五年规划的建议[J/OL].2015. http://gd.people.com.cn/n/2015/1202/c123932-27224944.html.

[133] 中国科协创新战略研究院,清科研究中心.2017年中国城市硬科技发展指数报告[R].2017

[134] 中国政法大学法治政府研究院.中国法治政府评估报告2015[M].北京:法律出版社出版,2015.

[135] 周波,寿子琪,王玮,等.2017上海科技进步报告[Z].2017.

[136] 周晴,王洋.国际科技创新园区建设的经验借鉴及对广州的启示[J].产业与科技论坛.2018,17(7):255-256.

[137] 丁焕峰.建成具有国际影响力的国家创新中心城市[N].中国社会科学报/2016年/2月/1日/第008版

[138] 广州市人民政府.广州国家创新型城市建设总体规划(2011-2015年)[J/OL].2011. http://zwgk.gd.gov.cn/007482532/201108/t20110829_273864.html.

[139] 广州市人民政府.广州市国民经济和社会发展第十三个五年规划纲要(2016—2020年)[J/OL].2016. http://www.gz.gov.cn/gzplanjg/fzgh/201603/daf192f4909f41438a2a22e0c5f02cfe.shtml.

[140] 广州市人民政府办公厅.广州市科技创新第十三个五年规划(2016—2020年)[Z].广州,2017.

[141] 李明.基于企业核心竞争力的知识创新探讨[J].企业经济,2007(6):43-45.

[142] 李三虎,洪雨萍.科技创新枢纽:硅谷及其对广州的启示[J].探求,2017(1):29-38.

[143] 李伟.破解难题,促进转型[J].新经济导刊,2013(7):6-7.

[144] 刘晶晶,邢宝君.知识创新提升企业核心竞争力的机制分析[J].现代管理科学,2006(9):18-19.

[145] 刘明广,李高扬.广州建设国家创新型城市的现状调查与分析[J].当代经济,2014(9):81-83.

[146] 马蓉蓉,周凤婷.广州实施创新驱动发展战略的几点思考[J].探求,2016(2):42-49.

[147] 任志宽, 郑茜. 面向产业集群的区域科技创新平台发展探究 [J]. 广东科技, 2017 (1): 74-76.

[148] 王世豪. 广州建设国际科技合作交流中心功能定位分析 [J]. 广东科技, 2012, 21 (10): 69-71.

[149] 吴丽丽, 黄德海. 战略性新兴产业发展中的问题及对策 [J]. 中国市场, 2013 (19): 74-77.

[150] 杨勇华, 汤萱, 林彰平. 基于演化理论的技术创新政策研究——兼论广州创新型城市建设 [J]. 广州大学学报 (社会科学版), 2013, 12 (7): 42-45.

[151] 佚名. 推进自主创新和高新技术发展的平台载体简介 [J]. 中国人才, 2011 (15): 32-32.

[152] 张光宇, 许泽浩, 刘贻新, 等. 广州建设创新中心城市的探索与实践刍议 [J]. 广东科技, 2016, 25 (6): 29-32.

[153] 张赛飞, 隆宏贤, 易卫华. 广州创新型城市发展特征分析 [J]. 城市观察, 2015, 35 (1): 176-183.

[154] 中国共产党广州市第九届委员会第十次全体会议. 中共广州市委关于制定国民经济和社会发展第十二个五年规划的建议 [J/OL]. 2011. http://news.163.com/11/0130/03/6RK7GVR300014AED.html.

[155] 方创琳, 马海涛, 王振波, 等. 中国创新型城市建设的综合评估与空间格局分异 [J]. 地理学报, 2014, 69 (4): 459-473.

[156] 方创琳, 刘毅, 林跃然等. 中国创新型城市发展报告 [M]. 北京: 科学出版社, 2013.

[157] 广州市人民政府. 广州国家创新型城市建设总体规划 (2011—2015年) [J/OL]. 2011. http://www.gz.gov.cn/gzgov/s2811/201108/852868.shtml.

[158] 广州市科技创新委员会. 广州市促进重点产业发展科技创新政策指引 [J/OL], 2017. http://www.gzmz.gov.cn/gzgov/gsgg/201711/150427b8fa8d4b2baa0117b7f6c154c8.shtml.

［159］广州市科技和信息化局.广州市"十二五"科学技术发展规划［J/OL］.2011.https：//wenku.baidu.com/view/660881eaf8c75fbfc77db21c.html.

［160］广州市人民政府.广州国家创新型城市建设总体规划（2011—2015年）［J/OL］.2011.http：//zwgk.gd.gov.cn/007482532/201108/t20110829_273864.html.

［161］广州市人民政府.广州市国民经济和社会发展第十三个五年规划纲要（2016—2020年）［J/OL］.2016.http：//www.gz.gov.cn/gzplanjg/fzgh/201603/daf192f4909f41438a2a22e0c5f02cfe.shtml.

［162］广州市人民政府办公厅.广州市科技创新第十三个五年规划（2016—2020年）［Z］.2017.http：//www.gz.gov.cn/gzgov/s2884/201705/392e5c5190104cd48b5120c48a36b7d1.shtml.

［163］何科方,钟书华.企业加速器发展在中国［C］.中国科技政策与管理学术年会.2010.

［164］荆菊.美国硅谷的金融支持对广州创新型城市建设的启示［J］.金融经济,2015（12）：186-187.

［165］李三虎,洪雨萍.科技创新枢纽：硅谷及其对广州的启示［J］.探求,2017（1）：29-38.

［166］刘慧琼.广州成为国际城市创新领导者的可行性研究［J］.经营管理者,2016（25）：100-101.

［167］刘明广,李高扬.广州建设国家创新型城市的投入产出分析［J］.企业技术开发,2014（4）：1-3.

［168］刘明广,李高扬.广州建设国家创新型城市的现状调查与分析［J］.当代经济,2014（9）：81-83.

［169］刘明广.广州国家创新型城市的R&D投入适配性研究［J］.技术与创新管理,2014,35（6）：549-553.

［170］路平.广州深入推进开放合作协同创新［N］.广东科技报,2016-09-23.

参考文献

[171] 马海涛，方创琳，王少剑．全球创新型城市的基本特征及其对中国的启示［J］．城市规划学刊，2013（1）：69-77．

[172] 马蓉蓉，周凤婷．广州实施创新驱动发展战略的几点思考［J］．探求，2016（2）：42-49．

[173] 任静．我国科技园区企业加速器建设研究［D］．华中科技大学，2011．

[174] 上海市建材科技情报研究所．国内外众创空间现状分析［J］．上海建材，2016（6）：33-35．

[175] 盛垒，洪娜，黄亮，等．从资本驱动到创新驱动——纽约全球科创中心的崛起及对上海的启示［J］．城市发展研究，2015，22（10）：92-101．

[176] 陶雪飞．城市科技创新综合能力评价指标体系及实证研究［J］．经济地理，2013，33（10）：16-19．

[177] 王蓓，刘卫东，陆大道．中国大都市区科技资源配置效率研究——以京津冀、长三角和珠三角地区为例［J］．地理科学进展，2011，30（10）：1233-1239．

[178] 王世豪．广州建设国际科技合作交流中心功能定位分析［J］．广东科技，2012，21（10）：69-71．

[179] 王洋，张虹鸥，吴旗韬．广州建设国家创新中心城市的模式选择及实施路径［J］．城市学刊，2018，39（6）：65-69．

[180] 肖林．未来30年上海全球科技创新中心与人才战略［J］．科学发展，2015（7）：14-19．

[181] 邢定钰．建言科技人才发展 献计大科学装置建设［N］．科技日报，2012-12-2．

[182] 熊安昕．广州众创空间发展模式下的规划策略研究［C］．2016中国城市规划年会．2016．

[183] 杨勇华，汤萱，林彰平．基于演化理论的技术创新政策研究——兼论广州创新型城市建设［J］．广州大学学报（社会科学版），

2013, 12 (7): 42–45.

[184] 佚名. 广州：整合各类优质资源 加快推进创新创业发展 [J]. 广东科技, 2016 (1): 50.

[185] 张光宇, 许泽浩, 刘贻新, 等. 广州建设创新中心城市的探索与实践刍议 [J]. 广东科技, 2016, 25 (6): 29–32.

[186] 张赛飞, 隆宏贤, 易卫华. 广州创新型城市发展特征分析 [J]. 城市观察, 2015, 35 (1): 176–183.